｜生活技能 305｜

U0010320

開始在澳門自助旅行

作者◎凱恩(Kahn)

太雅

「遊澳門鐵則」

☑購物自備購物袋！

理由：從2019年11月18日起，澳門所有店家不再提供免費塑膠袋(需付費)，如果去超市購物或採購伴手禮的話，記得要自備購物袋。

☑床頭小費不可缺！

理由：給床頭小費是基本的禮貌，建議可以放小面額紙鈔(例如澳門幣10元)，絕不能放銅板作為床頭小費，這是非常不禮貌的行為。

☑港幣與人民幣不補水！

理由：在澳門，人民幣、澳門幣及港幣皆通用，不過部分店家會貼出「不補水」的字樣，意指皆以1:1計算。

因此，如果你都用港幣在澳門消費的話，100元就差3元匯差了，所以整個旅行下來，積少成多，也是一筆可觀的數目。匯兌請參閱P.36。

> 港幣：澳門幣＝1：1.029(固定利率)
> 人民幣：澳門幣＝1：1.107(浮動利率)

☑公眾場所室內不能抽菸！

理由：澳門「控菸法」自2012年1月1日正式生效，禁止於公眾場所(酒吧、舞廳、蒸汽浴室、按摩院、巴士站10公尺內)及室內吸菸(賭場內另設有吸菸區)，違者罰鍰澳門幣1,500元，如果不按時繳交罰鍰的話，可能會導致下次被拒絕入境。

▲公共場所都是嚴禁吸菸的

☑教堂內不喧嘩！

理由：參觀教堂時，切勿走到聖像或是畫像的後方，因為這是非常不敬的行為。

▲教堂是非常莊嚴的地方，講話時必須要注意音量的大小

☑善用酒店與賭場接駁車！

理由：在澳門，所有酒店的接駁車到達酒店都可以免費搭乘，路線除了到達外港碼頭或關閘之外，還有部分路線更可到達澳門市中心以及澳門國際機場(例如：路氹城、永利澳門等)。詳情請參閱P.58。

▲酒店接駁車是澳門最佳的交通工具

☑在賭場別聽陌生人意見以及留意自己下注的籌碼！

理由：在賭桌下注時，要注意周遭的陌生人，因為常常會有陌生人跟你說要下哪裡？萬一中獎了，他會要求你給小費(因為他會說是他叫你下注你才會贏)。另外，要注意自己下注的籌碼，因為買贏的時候，荷官會問這籌碼是誰的？最近有一些賭場騙子會說你中獎的籌碼是他的，到最後甚至要出動保安和調閱監視錄影器才能評定事實是如何，這樣想玩的興致都沒有了。

☑花小錢也能品嘗米其林美食！

理由：大家聽到米其林美食，心目中應該會想到價格好像很貴，吃下來應該快要1萬塊新台幣吧！但你知道嗎？其實在澳門可以用一點點小錢，就可以品嘗到1～3星的米其林美食哦！例如：3星的法國天巢法國餐廳(Robuchon au Dôme)的午膳套餐，就能讓你花小錢就可以到體驗米其林的饗宴。詳情請參閱P.95。

▲ 中午很多餐廳都有提供超值午間套餐

☑行車方向和台灣相反！

理由：澳門的行車方向(靠左行駛)和台灣是相反的(靠右行駛)。

☑同一個路名別稱多！

理由：澳門部分路名或地名實際上有好幾個名字，不過其實都是指同一個地方。

例如：新馬路＝亞美打利庇盧大馬路＝亞美打卑盧大馬路
肥利喇亞美打大馬路＝荷蘭園大馬路＝荷蘭園正街
提督馬路＝罅些喇提督大馬路
三盞燈＝嘉路米耶圓形地
噴水池＝議事亭前地
司打口＝柯邦迪前地

▲白底藍字是澳門路牌獨有的特色

♥ 貼心 小提醒

疫情後入境政策

目前，持有效旅行證件入境澳門，無須出示任何新冠病毒檢測證明。

☑店家招牌蓋紅布！

理由：新店裝潢、牌照申請中或者試營運期間，店家都會先用紅布蓋住部分招牌，等到黃道吉日開幕正式營運時，才會把紅布掀開。

▲黃道吉日開幕正式營運時，才會把紅布掀開

🫘 豆知識

名稱相似的兩條路

澳門有兩條名字差不多的路名，千萬別搞錯。

十月初五日街：位於沙欄仔，原名為泗喎街，1910年10月5日葡萄牙發生革命起義，推翻帝制建立共和國，後來澳葡政府為紀念此事，在澳門特選一條繁榮街道命名，故選中了泗喎街，將之更名為十月初五日街。

十月初五馬路：位於路環市區，是以10月5日為名的街道。

▲十月初五日街和十月初五馬路兩者可是天差地遠

澳門行前 Q&A

Q1　澳門需要簽證嗎？

持效期超過6個月以上的中華民國護照或「台灣居民來往大陸通行證」(簡稱台胞證)，可享免簽證在澳門逗留不超過30天。而年滿11歲且持有卡式台胞證的旅客，經免費登記後還可使用澳門各口岸的自助過關通道入出境。(詳情請參閱P.29)

Q2　澳門的治安好嗎？

旅遊區、娛樂場、碼頭、口岸等都有警察巡邏及站崗，原則上只要不去人煙稀少的地方，澳門的治安大致上都是安全的，不過要提醒，財不露白，人潮眾多的地方，要注意隨身用品。

Q3　澳門上廁所方便嗎？

餐廳、景點、購物中心、街市、大型公園都有廁所，但一般餐廳都必須消費才能使用，此外也可以透過路牌的公廁QR CODE來尋找最近公廁的位置。

http 查詢公廁：

go.iam.gov.mo/wc

Q4　澳門都用什麼貨幣？

原則上澳門是使用澳門幣，不過人民幣以及港幣也是通用的，只不過大部分都採1:1的匯率來計算。(詳情請參閱P.24)

Q5　賭場賭桌上只能用港幣？

澳門所有娛樂場內的賭桌，如果你是直接現金下注，只能使用港幣，若你要使用澳門幣或其他貨幣，必須到賭場帳房去兌換籌碼後才能下注。

Q6　澳門電召如何叫車?

澳門電召是6人座的計程車，價格與一般計程車同價，除了路邊招手叫車外，也可以利用官網、微信官方帳號、APP叫車或預約，但必須使用中港澳三地電信門號註冊才能使用。(詳情請參閱P.61)

Q7　澳門住宿住那一區比較好？

在澳門住宿，每一區域其實各有各的優點，住在路氹城就是享受四、五星級飯店的各項設施，玩累了可直接回飯店休息；住在舊城區，走路就能到世界遺產等景點，買伴手禮也方便；住在北區，更能體驗當地人的生活(接地氣)，消費也相對便宜。

Q8 澳門為何成為世界美食之都？

澳門雖然地方並不大，但集合了世界各地各種美食，而且更把各國美食集中在路氹城的各飯店裡，不用大老遠到其他國家，就能品嘗到各國的美食以及米其林等級的料理。

Q9 在澳門買東西可以退稅嗎？

澳門是一個自由港，除少數特定產品外，採取基本免稅、少數低稅的制度，現在澳門政府只對香菸、含酒精飲料徵收消費稅。所以在澳門任何店鋪購物，消費額內並不含消費稅，因此，在離開澳門時，亦不會有任何購物退稅的制度。

Q10 澳門通需要買嗎？

澳門通是澳門的電子貨幣儲值卡，就像悠遊卡一樣，在澳門搭乘巴士和輕軌都能享半價優惠，且幾乎全澳所有餐廳和店家都能使用，省去口袋放零錢的煩惱，如果打算3年內還會再來澳門旅遊的話，強烈建議買一張來使用。(詳情請參閱P.61)

Q11 澳門應該要安排幾天呢？

如果你是早去晚回的航班，首次可以安排3～4天的行程，便可以好好地探索澳門的歷史以及金碧輝煌的一面，千萬不要只有3天行程還加入香港和珠海，這樣只會讓你兩邊都沒玩到什麼景點，時間都浪費在交通上。(詳情請參閱P.131)

Q12 什麼時候去澳門最好？

澳門幾乎每個月都有舉辦活動，所以什麼時候去都能體會不一樣的澳門，但最好避開中國內地的五一和十一黃金週，還有復活節假期、聖誕節假期，以及農曆新年假期，因為這些時間遊客會爆多，酒店除了價格比起非旺季貴很多之外，甚至一房難求，餐廳更是人擠人。此外，農曆新年餐廳更會有1倍以上的附加費，所以不建議這段時間前往。

Q13 水果和肉類可以帶去澳門嗎？

肉類是不可以攜帶入境澳門的，但水果、活植物、種子(1公斤內)是可以攜帶入境澳門的。詳情可查詢澳門海關官網。

http www.customs.gov.mo

Q14 離澳時需要注意什麼嗎？

除了手提行李禁止攜帶的東西外，含鋰電產品在澳門安檢時也相當嚴格，每個人隨身攜帶所有容量總數不能超過100Wh(包括相機備用電池、行動電源、鋰電池等)且須標示清楚，若如果行動電源規格標示不清晰或模糊，就會當場被丟掉。

「遊澳門必備單字」

在澳門有非常多的字詞和台灣大大不同，甚至完全是另一個意思，以下凱恩整理出一系列常見的單字，讓大家不會因為誤解含意而鬧出笑話。

巴士

英文Bus的廣東話譯音，指的是公車。

的士

英文Taxi的廣東話譯音，指的是計程車。

多士

英文Toast的廣東話譯音，指的是吐司。

酒店

酒店英文是Hotel，指的是飯店，和台灣的酒店的意思完全不同。

士多

英文Store的廣東話譯音，指的是雜貨店。

三文魚、吞拿魚

英文Salmon、Tuna的廣東話譯音，指的是鮭魚、鮪魚。

鼓油、生抽、老抽

醬油的別稱，在廣東地區都是使用這個名稱。

押

在賭場周邊都會看到非常多的店，上面寫著「押」，其實它和當鋪是同一類型的店，只是抵押物品所得的金錢較多，但相對利息比當鋪高出許多。

士多啤梨

英文Strawberry，指的是草莓。另有像雲呢拿(Vanilla，指香草)、朱古力(Chocolate，指巧克力)的廣東話譯音。

排骨、豬扒

澳門的排骨是指點心和熬湯用帶骨的方塊形排骨，而台灣的排骨飯的排骨，在澳門全稱之為豬扒。

「遊澳門必備實用APP」

　　澳門相關的手機應用軟體(APP)不但可以提供旅遊資訊，有時候還可以參加活動獲得精美的小禮物，以下介紹的軟體都可在iOS以及Android系統中下載，而且都是免費的。

XE Currency匯率換算

可輕鬆查詢全球各國的即時匯率，作為貨幣兌換的參考。

感受澳門

澳門旅遊局的官方APP，提供澳門旅遊最新資訊、景點以及地圖查詢的實用工具。

漫步澳門街

市政署官方APP，提供澳門街道的歷史以及路線巡覽，讓你更認識澳門的每一條街道。

澳門天氣

澳門地球物理暨氣象局官方APP，可預測7天內的澳門天氣以及觀看現在澳門半島實境天氣情形。

澳門文創地圖

結合全澳所有文創相關的博物館、咖啡廳、展場及商店的APP，讓喜歡文創的你可以搜尋到喜歡的特色景點。

澳門出行

由澳門交通事務局開發的APP，提供交通、旅遊娛樂、跨境巴士、香港機場中轉巴士等資訊及購票／預訂，以及活動門票等相關服務。

巴士報站

「巴士報站」App

澳門交通事務局官方
APP，可查詢鄰近巴士
站、巴士路線、巴士動
態、路線點對點查詢等
資料。以下介紹此APP
的基本介面。

■APP操作介面選項

APP操作介面，有路線、
站點、點對點、交通態
勢、旅遊熱點，共5項
可以選擇，而左上角的
設定裡頭有資訊站、收
藏、過橋時間、更多可
以選擇。

■站點

輸入站點編碼或站名進
行站點搜索，並標示在
地圖上。

■點對點

利用GPS定位、關鍵字
或收藏來查詢點對點的
交通路線。

■交通態勢

顯示現在澳門交通的繁
忙度指數。

■旅遊熱點

和點對點相似，不過所
在地和目的地選項皆可
以用關鍵字搜尋。

貼心 小提醒

巴士報站APP優缺點

「巴士報站」提供了方便、快捷的方式來
查詢澳門巴士，十分實用，也非常容易上
手。連凱恩都常使用來追蹤巴士的動態，掌
握巴士什麼時候會到站。

對初次搭乘巴士的遊客，也提供了下一站
以及離目的地的各項資訊，讓你不用怕過站
或者不知道還有多久才到站。

新版本更加入了關鍵字搜尋的功能，讓使
用者更方便找到合適的巴士路線。

如何查詢巴士路線

Step 1 使用「路線」或「站點」搜尋

如果知道搭乘路線，可直接選擇欲搭乘的巴士號碼。或利用「站點」，點選後會自動搜索附近的巴士站，亦可進行手動打上欲搜索的站名或站台編號。

Step 2 選擇巴士路線

利用站點搜索後，再選擇欲搭乘的巴士路線。假如你是利用「路線」搜索，則可跳過此步驟，直接進入該巴士路線(即Step3)。

Step 3 查看資訊

本巴士路線完整顯現。在此可查看此路線的各項資訊。也可以將此路線收藏起來。

■上車

點選「上車」，即可看到你搭乘的巴士到目的地(終點站)距離幾個站。

■地圖

點選「地圖」，可以看到該巴士行駛的完整路線圖。

Step 4 點選「修改目的地」

點選「修改目的地」後，可以從下方的站名選擇自己將要下車的巴士站，距離目的地的站數會即時更新。

臺灣太雅出版
編輯室提醒

太雅旅遊書提供地圖讓旅行更便利

地圖採兩種形式：紙本地圖或電子地圖，若是提供紙本地圖，會直接繪製在書上，並無另附電子地圖；若採用電子地圖，則將書中介紹的景點、店家、餐廳、飯店，標示於Google Map，並提供地圖QR code供讀者快速掃描、確認位置，還可結合手機上路線規畫、導航功能，安心前往目的地。

提醒您，若使用本書提供的電子地圖，出發前請先下載成離線地圖，或事先印出，避免旅途中發生網路不穩定或無網路狀態。

出發前，請記得利用書上提供的通訊方式再一次確認

每一個城市都是有生命的，會隨著時間不斷成長，「改變」於是成為不可避免的常態，雖然本書的作者與編輯已經盡力，讓書中呈現最新的資訊，但是，仍請讀者利用作者提供的通訊方式，再次確認相關訊息。因應流行性傳染病疫情，商家可能歇業或調整營業時間，出發前請先行確認。

資訊不代表對服務品質的背書

本書作者所提供的飯店、餐廳、商店等等資訊，是作者個人經歷或採訪獲得的資訊，本書作者盡力介紹有特色與價值的旅遊資訊，但是過去有讀者因為店家或機構服務態度不佳，而產生對作者的誤解。敝社申明，「服務」是一種「人為」，作者無法為所有服務生或任何機構的職員背書他們的品行，甚或是費用與服務內容也會隨時間調動，所以，因時因地因人，可能會與作者的體會不同，這也是旅行的特質。

新版與舊版

太雅旅遊書中銷售穩定的書籍，會不斷修訂再版，修訂時，還區隔紙本與網路資訊的特性，在知識性、消費性、實用性、體驗性做不同比例的調整，太雅編輯部會不斷更新我們的策略，並在此園地說明。您也可以追蹤太雅IG跟上我們改變的腳步。

taiya.travel.club

票價震盪現象

越受歡迎的觀光城市，參觀門票和交通票券的價格，越容易調漲，特別Covid-19疫情後全球通膨影響，若出現跟書中的價格有落差，請以平常心接受。

謝謝眾多讀者的來信

過去太雅旅遊書，透過非常多讀者的來信，得知更多的資訊，甚至幫忙修訂，非常感謝你們幫忙的熱心與愛好旅遊的熱情。歡迎讀者將你所知道的變動後訊息，善用我們提供的「線上回函」或是直接寫信來taiya@morningstar.com.tw，讓華文旅遊者在世界成為彼此的幫助。

太雅旅遊編輯部

開始在澳門自助旅行 (全新第五版)

作　　者	凱恩(Kahn)
總 編 輯	張芳玲
發想企劃	taiya旅遊研究室
編輯部主任	張焙宜
企劃編輯	林孟儒
主責編輯	林孟儒、白宜平
修訂編輯	鄧鈺澐
封面設計	余淑真
美術設計	余淑真
地圖繪製	蔣文欣、余淑真

太雅出版社
TEL：(02)2368-7911　FAX：(02)2368-1531
E-mail：taiya@morningstar.com.tw
太雅網址：http://taiya.morningstar.com.tw
購書網址：http://www.morningstar.com.tw
讀者專線：(02)2367-2044、(02)2367-2047

出 版 者　太雅出版有限公司
　　　　　106020臺北市辛亥路一段30號9樓
　　　　　行政院新聞局局版台業字第五○○四號

讀者服務專線：(02)2367-2044／(04)2359-5819#230
讀者傳真專線：(02)2363-5741／(04)2359-5493
讀者專用信箱：service@morningstar.com.tw
網路書店：http://www.morningstar.com.tw
郵政劃撥：15060393(知己圖書股份有限公司)

法律顧問　陳思成律師

印　　刷　上好印刷股份有限公司　TEL：(04)2315-0280
裝　　訂　大和精緻製訂股份有限公司　TEL：(04)2311-0221

五　　版　西元2024年04月10日
定　　價　420元
(本書如有破損或缺頁，退換書請寄至：
台中市工業30路1號 太雅出版倉儲部收)

ISBN　978-986-336-499-3
Published by TAIYA Publishing Co.,Ltd.
Printed in Taiwan

國家圖書館出版品預行編目(CIP)資料

開始在澳門自助旅行 / 凱恩作.
　——五版. ——臺北市：太雅，2024.04
面；　公分 . ——（So easy；305）
ISBN 978-986-336-499-3（平裝）
1.自助旅行　　　2.澳門特別行政區
673.969　　　　　　　　　113001164

填線上回函

開始在澳門自助旅行
(全新第五版)

bit.ly/2SIFDYx

土生土長的澳門人——凱恩

　　吉米認識凱恩已經很久了，凱恩可說是澳門旅遊美食資訊的第一把交椅！因為凱恩可是從小到大在澳門土生土長的澳門人啊！還記得過去網路資訊還沒像現在這麼豐富的時候，要去澳門一定要先到凱恩的部落格報到一下，因為凱恩不只了解知名景點，還比其他人更知道許許多多的道地料理與巷弄美食，就像如數家珍般，還能對於各個景點的各時期的演進侃侃而談，甚至未來哪裡可能會有什麼景點設施都知道，真可說是澳門的百科全書了！所以說想要了解最深入的澳門旅遊美食資訊，參考凱恩的書就對了，一定能獲得更大的收穫啊！

藥師吉米

凱恩介紹的澳門，細到了骨子裡

　　每年9月，在澳門塔外海會放煙火，並會舉辦派對，這是赴澳門旅遊度假時非常值得參加的盛會。只是，活動結束後，夜已深、澳門的計程車又難叫，如何回飯店？

　　到澳門的娛樂場(賭場)試試手氣，會有人跟你攀談搭訕「教」你下注，這時候，你得小心，為什麼？

　　除了涼茶、鴛鴦和絲襪奶茶，你可能不知道澳門還有一種「瓦煲咖啡」，味道濃郁且口感細滑。

　　旅行度假，行前準備充足，不僅盡興，更能降低風險。以上那些Know How，都是「澳門仔凱恩」教我的。澳門不大，我也去了很多很多次，但如果凱恩沒告訴我，我也不知道，真的。

　　坊間澳門旅遊指南很多，但內容多數大同小異，脫離不了澳門政府旅遊局出版的主軸，寫來寫去，景點、伴手禮、旅館飯店、旅遊路線，以及美食餐廳，差不了太多。但凱恩介紹澳門不一樣，他講得很細，就像他在部落格裡回答網友提味般的細，細到了骨子裡。

　　凱恩的「細」，源於他的「專」；因為「專」，才能「博」、才能「雜」。因為「博雜」，也才能「達」。凱恩真的懂澳門，單是看他書裡介紹澳門地標「大三巴牌坊」那些浮雕裝飾代表的意義，就讓興味盎然。你的澳門旅遊完全攻略，凱恩幫你把功課都做了。祝你休假愉快！

姚嵐齡

作者序

澳門自「遊」行，一點都不難！

　　澳門近十年來變化非常的大，從「澳門歷史城區」列入《世界文化遺產名錄》，到路氹城(威尼斯人、新濠天地等)大型酒店的興建，澳門變成一個不但有文化歷史的地方，也獲得東方拉斯維加斯的美譽。

　　澳門自由行其實一點都不難，雖然澳門居民都是以廣東話溝通為主，但官方語言除了葡萄牙文之外，繁體中文也是其中的官方語言之一，因此無論路標、餐牌、交通工具上，都可以看得到中文。本書提供各種詳細的解說與注意事項，協助大家就算身處在一個陌生的國度裡，衣食住行都能迎刃而解。

　　既然澳門是一個國際與本土薈萃的城市，因此多元的美食以及豐富的景點，是每個遊客絕對不可以錯過的，而本書會協助大家掌握澳門的各種旅遊資訊，帶領大家如果可以輕輕鬆鬆、開開心心地遊澳門。

　　很高興這本書得到大家的支持，能在疫情後立刻來到第五版，而且一直以來榮登各網站的港澳類暢銷榜上，同時也感謝多位好友的協助(Ada、April、Avery、Carmen、Carolyn、Cynthia、Elsa、Isabel、Ivy、Judy、Kit、Lydia、Posy、Unique、Wing等)，同時也感謝太雅出版社(焙宜、鈺澐及工作團隊)的耐心指導，讓本書能夠順利地出版。最後將本書獻給我的親友和支持我的粉絲們，還有一路陪伴著財政部長(老婆大人)和兩個兒子。

　　如果本書內容有任何資訊或文字上的錯誤，歡迎來信指正，以利下一版的修訂。

　　祝大家旅途愉快、平平安安的回家。

關於作者

凱恩(Kahn)

　　凱恩(Kahn)，長期居住台灣的澳門人，熱愛自己家鄉的他，從十多年前開始用部落格記錄家鄉的風景與美食，當初是以當地人的角度去看澳門，經過多次國外旅遊後，深深體會到遊客需要什麼，慢慢轉換成以遊客的角度去撰寫文章。

　　「跟澳門仔凱恩去吃喝玩樂」網站中的文章，針對澳門在地從大小節慶活動、世界遺產到交通、美食、住宿介紹等等都有詳盡解析，文字深入、照片精美深受好評，針對不同的玩樂主題還有懶人包解說，方便所有的旅客，透過凱恩的介紹掌握最新玩樂訊息，多年的經營下來使得這個網站，逐漸成為全華人最大的澳門旅遊資訊網。

部落格：www.kahnmacau.com
臉書粉專/IG：@kahnmacau
臉書社團：澳門自助旅遊 吃喝玩樂報馬仔

目　錄

68

住宿篇

42

機場碼頭口岸篇

18

認識澳門

80

飲食篇

28

行前準備

56

交通篇

110

購物篇

P.168 格蘭披治大賽車

P.203 貢多拉之旅

P.204 巴黎鐵塔

P.206 永利皇宮表演湖

P.208 澳門倫敦人

P.209 哈利・波特：展覽

P.211 水上樂園

P.212 葡京人

如何使用本書

本書是針對旅行澳門而設計的實用旅遊 GUIDE。設身處地為讀者著想可能會面對的問題，將旅人會需要知道與注意的事情通盤整理。專治旅行疑難雜症：辦護照、購買機票、出境手續、行李打包、搭乘交通工具、行程安排、打國際電話、選擇住宿、APP 的使用，本書全都錄。提供實用資訊：必買必吃、必訪世界遺產、玩樂景點、交通工具比較分析表、行程建議，讓相關連絡資料與查詢管道不再眼花撩亂。

◀ 機器、看板資訊圖解
購票機、交通站內看板資訊，以圖文詳加說明，使用介面一目了然。

豆知識 ▶
延伸閱讀、旅行中必知的小常識。

Step by Step圖文解說 ▶
入出境、交通搭乘、機器操作、機器購票，全程Step by Step圖解化，清楚說明流程。

搭巴士步驟

Step 招手叫車

和台灣一樣，招手叫車。

▲ 行家密技
內行人才知道的各種撇步、玩樂攻略。

◀貼心小提醒
作者的玩樂提示、行程叮嚀、宛如貼身導遊。

◀ 必買手信
澳門特色紀念品、伴手禮要買
什麼、怎麼買,統統告訴你。

▲ 必吃美食
關於在地小吃、甜點、澳葡菜、葡國菜等,
哪裡最道地,哪家最有名,全都報你知。

◀ 專題速覽
以專題方式
收錄不能錯
過的歷史遺
跡以及世界
遺產。

資訊符號解說		
http 官方網站	● 開放、營業時間	**!?** 重要資訊
✉ 地址	$ 費用	@ E-mail
☎ 電話	➡ 交通方式	**FAX** 傳真
		MAP 地圖

▲ 澳門詳細地圖
附有澳門地圖,幫助了解各景點、
住宿、店家位置。

▲ 玩樂情報
以分區方式,介紹出全澳門不能錯過的玩
樂景點及精采看點,還有親子遊推薦。

圖 例			
📷 景點	🏠 住宿	● 重要地標
🍴 美食	🚌 巴士站	🚕 計程車站
🛍 購物	ℹ 澳門旅遊局旅客詢問處	

認識澳門
About Macau

澳門，是個什麼樣的城市？

澳門是一個國際與本土匯萃的城市，特殊的歷史背景，為她帶來多元的美食以及獨具特色的景點，這些是每位來訪的遊客絕對不可以錯過的，在「澳門歷史城區」列入《世界文化遺產名錄》之後，更加奠定了她的歷史價值，現在就讓我們一同來了解澳門吧！

關閘

北區 ← P.190

外港

珠澳口岸
人工島

N

新城A區

荷蘭、
東望洋 ← P.184

內港碼頭

外港碼頭

沙梨頭、內港、新橋 ← P.180

廣東省珠海市

媽閣、
西灣、
下環 ← P.169

南灣、新口岸 ← P.158

澳門半島 ← P.140

南灣

西灣

中區 ← P.140

第四條橋（政府徵名中）

新城B區

新城E1區

新城E2區

外港

澳氹大橋

友誼大橋

西灣大橋

新城D區

新城C區

小潭山

大潭山

氹仔市區

氹仔 ← P.194

澳門國際機場

路氹城 ← P.198

九澳灣

橫琴口岸聯檢大樓

蓮花大橋

路環 ← P.219

聖方濟各堂區

黑沙灣

廣東省珠海市

澳門全區地圖

澳門速覽

澳門小檔案 **01**

地理 │ 由澳門半島與離島區所組成

　　澳門特別行政區位於中國東南部沿海，處於珠江口西岸，和香港特別行政區相距大約60公里。由澳門半島(Península de Macau)、氹仔(Ilha da Taipa)、路氹城(Cotai)和路環(Ilha da Coloane)、新城A區(Zona A)、港珠澳大橋珠澳口岸人工島澳門口岸管理區(Z. Adm. de Macau da PHKZM)所組成。

　　澳門半島與氹仔之間由3條分別長2.5公里(嘉樂庇總督大橋)、4.5公里(友誼大橋)及2.2公里(西灣大橋)，以及3.1公里(興建中的澳氹第四條跨海大橋)的跨海大橋連接；氹仔和路環之間也有一條大約2.2公里的路氹連貫公路相連。經澳門半島最

▲ 澳門旅遊塔可以飽覽嘉樂庇總督大橋以及西灣大橋的美景

北面的關閘可步行到達中國的珠海市和中山市；經路氹城的蓮花大橋可到達珠海市的橫琴島；經港珠澳大橋可利用陸路來往珠海與香港。

澳門基本情報

正式國名：中華人民共和國 澳門特別行政區
　　　　　Macao Special Administrative
　　　　　Region / Região Administrativa
　　　　　Especial de Macau

位　　置：位於中國東南沿海的珠江三角洲，
　　　　　在東經113°35'，北緯22°14'，與東
　　　　　北偏東的香港相約60公里

面　　積：32.9平方公里(資料來自澳門特別行
　　　　　政區地圖繪製暨地籍局)

人　　口：683,100人(資料來自澳門統計暨普
　　　　　查局)

人口密度：全球第一名 (以地區排名)

中國大陸　廈門市　台灣海峽
廣州市　潮州市　台灣
深圳市
香港
澳門　珠海
南海
澳門與中國、香港位置圖

澳門小檔案 02

歷史 | 中西薈萃的獨特城市

澳門以前只是一個小漁村，由於澳門盛產蠔(即牡蠣)，蠔殼內壁光亮如鏡，因此被稱為蠔鏡，後來名稱改為較文雅的「濠鏡」。清乾隆年間出版的《澳門紀略》中說：「濠鏡之名，著於《明史》。東西五六里、南北半之，有南北二灣，可以泊船。或曰南北二灣，規圓如鏡，故曰濠鏡。」從這個名稱中，又引申出濠江、海鏡、鏡海等一連串澳門的別名。

16世紀中葉，第一批葡萄牙人從現在媽閣廟前的海岸抵澳，詢問居民當地的名稱，居民誤以為詢問後方廟宇的名稱，所以回答「媽閣」。葡萄牙人以其音譯成「MACAU」，這樣就成為澳門葡文名稱的由來了。經過四百多年的中西文化相互交融的影響下，讓澳門成為一個獨特中西薈萃的城市。

從1999年12月20日起，澳門結束葡萄牙四百多年的殖民地統治，回歸成為中華人民共和國的特別行政區。在「一國兩制」政策的指引下，澳門實行高度自治，享有行政管理權、立法權、獨立的司法權和終審權，而澳門的社會和經濟方面的特色會予以保留並得以延續。

澳門小檔案 03

區旗&區徽 | 象徵欣欣向榮的澳門綠

澳門特別行政區旗面的圖案和區徽大致完全一樣；區旗中的五星分別由1顆大星以及4顆小星所組成；其意義和中華人民共和國國旗的五星一樣外，亦代表著澳門特別行政區是中華人民共和國不可分離的部分。而五星之下有一朵由3片花瓣組成的白色蓮花(澳門市花)；3片花瓣分別代表澳門半島、氹仔以及路環。蓮花下面分別是一條白線，代表白色大橋，以及綠白相間並由近向遠漸變的線條，像海水般是象徵澳門自然環境的特點。

澳門區旗　　　　　　　　澳門區徽

 豆知識

區旗與區徽的由來

澳門特別行政區基本法起草委員會在1990年公開徵集澳門特區區旗以及澳門特區區徽的設計式樣；最終從782幅作品中，決定是由「張磊」的設計及顏色圖案脫穎而出，然後再將此設計圖作為基礎，並結合第十一屆全國政協委員「肖紅」的設計方案修改後，成為現在大家看到的區旗與區徽。

澳門小檔案 04

航程 | 直航，無需轉機

從台灣到澳門航程約100分鐘，共4家航空公司直航(澳門航空、長榮航空、台灣虎航、星宇航空)，提供每週達100班航班。機票與航空資訊請參閱P.34。

▲ 台灣有4家航空公司可直飛澳門

堂區 | 命名取自最具代表性的教堂

澳門的行政區劃分是以天主教澳門教區之「堂區」作為行政區劃分單位，共7個。

澳門半島

■ **花王堂區：**又稱「聖安多尼堂區」，包括新橋和沙梨頭，含大三巴牌坊一帶。

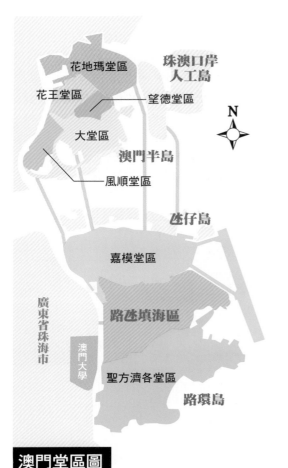

■ **望德堂區：**包括荷蘭園、東望洋山、塔石一帶。

■ **風順堂區：**又稱「聖老楞佐堂區」，包括1980年代未進行南灣湖填海的整個媽閣半島、媽閣山、西望洋山，以及新馬路以南部分。

■ **大堂區：**又稱「主教座堂堂區」，俗稱「中區」，包括新馬路以北部分、南灣、水坑尾、整個新口岸填海地段，以及整條環島公路至媽閣南端，東至新口岸外港客運碼頭，含澳門旅遊塔和立法會。

■ **花地瑪堂區：**俗稱「北區」，包括青洲、台山、黑沙環、筷子基和水塘。

離島

■ **嘉模堂區：**即氹仔。

■ **聖方濟各堂區：**即路環。

語言 | 粵語為主，華語也通用

粵語(廣東話)是澳門社會通用語，也是澳門的官方用語之一，在澳門達90%廣泛使用的語言，文字方面採用繁體中文作為日常用字，亦是澳門官方文字之一。普通話(國語)為澳門的第二大語言；日常生活中使用普通話多為內地新移民，但超過50%的澳門人都會使用普通話。而葡萄牙語雖是澳門的官方用語之一，但不到1%的居民日常生活以葡萄牙語為主，能夠講葡萄牙語的人口亦只有2.4%，相對能講英語的澳門人，占總人口中的21.1%，主要是因為英語是澳門最主要的商業用語言，中小學都把英語列為必修課，大學亦把英語列為第一教學語言。

圖中地名：
花地瑪堂區、珠澳口岸人工島、花王堂區、望德堂區、大堂區、澳門半島、風順堂區、氹仔島、嘉模堂區、廣東省珠海市、路氹填海區、澳門大學、聖方濟各堂區、路環島、N

澳門堂區圖

澳門小檔案 07

氣候 | 海洋性副熱帶季風氣候

每年10月中旬～隔年1月上旬天氣最佳和最穩定，天氣暖和且陽光充沛、濕度並不高，最為舒適，春季約在3～4月間，也是澳門最潮濕多霧的時候。5～6月上旬開始轉為炎熱潮濕，不時會有暴雨來臨。夏季的7～8月不時會有颱風、熱帶氣旋吹襲。10月秋季來臨，11月底天氣開始轉涼，北方的冷氣團會在12月後南侵，冷氣團來臨時氣溫可急降達攝氏10度左右。

澳門天氣這裡查

澳門地球物理暨氣象局(SMG)
http www.smg.gov.mo

澳門小檔案 08

電壓 | 220V

澳門的電壓是採用220伏特的交流電，頻率為50赫茲。插座通常是方形的三腳插座，建議自備轉換器或向酒店租借。

▶ 澳門插座為三腳插座，需自備轉換器

澳門小檔案 09

貨幣 | 澳門幣為主，港幣、人民幣通用

澳門的官方貨幣單位是澳門幣(PATACA，ISO 4217 Code：MOP)。發行的銀行分別為大西洋銀行以及中國銀行。

紙幣面額計有10元、20元、50元、100元、500元及1,000元6種。硬幣有1毫、2毫、5毫、1元、2元、5元和10元7種。

在澳門販售的商品和所提供的服務收費一律以澳門幣計算，但也可使用港幣(找零找港幣)或人民幣。銀行、酒店或外幣兌換店均提供兌換外幣和旅行支票的服務，據點相當多，十分方便。另外，澳門國際機場和葡京酒店內甚至提供營業至凌晨的兌換外幣服務。匯兌請參閱P.36。

1毫　2毫　5毫　1元　2元　5元　10元

匯率資訊這裡查

匯率可參考：
http www.xe.com/currencyconverter
新台幣4元約兌換澳門幣1元。
港幣100元約兌換澳門幣103元。

澳門小檔案 10

治安 | 治安還算良好

澳門的治安還算良好,到處都能看到警察在巡邏,不過仍需注意隨身財物的安全,尤其是鬧區或人擠人的場所。救難請參閱應變篇。

澳門小檔案 11

時差 | 和台灣一樣

澳門標準時間(MST)是位於UTC+8時區的國家及地區,和中國大陸的北京時間(CST)、台灣的標準時間(NST),香港時間(HKT)以及新加坡標準時間(SGT)一致。

澳門小檔案 12

經濟 | 以博彩與旅遊為主

澳門一直以來的主要收入,都是來自博彩業和旅遊業。人口約70萬的澳門,是一個經濟十分發達的城市,人均所得為亞洲之冠,全球排名第三。在澳門產業結構中,單單博彩業與博彩中介業的稅收就占政府財政總收入的8成以上,成為澳門經濟的主要來源。近年來,澳門積極發展旅遊業,希望觀光能帶給澳門經濟另一個高峰。

澳門小檔案 14

營業時間 | 賭場周邊店家幾乎24小時營業

- ■ **一般店家:**約為10:00～21:30,只有農曆新年或年後才會連休。
- ■ **賭場周邊:**食肆幾乎是24小時營業。
- ■ **銀行:**約為09:00～17:30,星期六、日及澳門銀行假期休息(葡京支行星期六、日及銀行例假為12:00～18:00)。
- ■ **餐廳:**午餐多為12:00,晚餐從19:00開始。

澳門小檔案 15

宗教禁忌 | 信仰自由的地區

由於澳門多數居民為華人,信仰則以儒、釋、道及民間神祇為主。不過中國主流信仰外,還存在一些外來宗教,例如天主教以及基督新教。此外,澳門亦存在一些不同種類的宗教,例如伊斯蘭教、巴哈伊教等。另外,新興宗教的國際基士拿知覺協會、日本神慈秀明會、澳門創價學會等在澳門都有舉行活動,只是規模較主流宗教來得小。禁忌方面其實大部分和台灣大同小異,除了一般華人的禁忌外,多了一些天主教的禁忌,例如:教堂內不得喧嘩、盡量不去打擾彌撒儀式的進行、不能走到聖像的後方及碰觸聖像、不可以穿拖鞋、不能進告解亭等等。

澳門小檔案 13

澳門旅遊吉祥物 | 麥麥

麥麥是澳門首個旅遊吉祥物,靈感源自黑面琵鷺和東望洋燈塔,以一個探路者的角色帶領旅客探索澳門這個中西文化交滙的城市。

🏵 澳門小檔案 **16**

假日&節慶 | 以華人節日與天主教節日為主

　　國定假日以中國傳統節日、佛教和天主教的節日為主，例如農曆新年、端午節、中秋節、復活節以及聖誕節等，但雖然這些都是國定假日，但只有政府部門、公司行號及銀行會放假，一般的店家大部分只有在農曆新年或年後才會休息。http www.macaotourism.gov.mo/zh-hant/events/calendar

澳門節日盛事一覽表

日期	節日盛事
1月1日	元旦
1月中～下旬	澳門城市藝穗節
農曆正月初一	農曆新年
大年初三和同一週的週六	農曆新年花車巡遊匯演
2或3月	土地誕
2或3月	苦難耶穌聖像出遊
3月中旬	澳門國際喜劇節
3或4月	復活節假期
4月～11月	藝文薈澳
農曆4月8日	佛誕節(浴佛節)，醉龍節，譚公誕
5月～6月	澳門藝術節
5月或6月	澳門世界女排大獎賽
5月13日	花地瑪聖像巡遊
5月18日	國際博物館日
端午節前後	澳門國際龍舟賽
6月上旬	澳門荷花節
農曆5月18日	哪吒誕
6月～7月	中葡文化藝術節
9月的每週六、中秋節當天及10月1日	澳門國際煙花比賽匯演
9月下旬～10月下旬	澳門國際音樂節
中秋節前開始(為期四週)	澳門花燈節
10月中旬	澳門特別行政區政府總部開放日
10月下旬	葡韻嘉年華
10月下旬	澳門媽祖文化旅遊節
10月下旬	響朵街頭藝術節
10月下旬～11月上旬	HUSH！沙灘藝術節
11月上旬～下旬	澳門美食節
11月中旬(週四～日)	澳門格蘭披治大賽車
12月上旬	澳門國際幻彩大巡遊
12月上旬或中旬	澳門國際格蘭披治小型賽車錦標賽
12月上旬～中旬	澳門國際影展暨頒獎典禮
12月上旬～1月1日	幻彩耀濠江
12月上旬～31日	澳門購物節
12月中旬～1月上旬	澳門冬季花卉展
12月20日	澳門特別行政區成立紀念日
12月24～25日	聖誕節假期
12月31日	除夕倒數晚會與煙花表演

苦難耶穌聖像出遊

花地瑪聖像巡遊

澳門國際煙花比賽匯演

認識澳門

澳門國際格蘭披治大賽車

澳門荷花節

澳門國際幻彩大巡遊

幻彩耀濠江

澳門冬季花卉展

葡韻嘉年華

行前準備
Preparation

出發去澳門前，要做哪些準備呢？

澳門雖然離台灣很近，華語、繁體中文也能通，但是，該注意的行前準備也不少。護照、台胞證、旅行支票、跨國提款⋯⋯準備齊全了嗎？當地景點、特色建築怎麼去，路標、地址怎麼看，也要先行做功課查資料。做好行前規畫與確認，才能玩得開心又盡興。

旅遊證件準備

護照

護照是旅行前必須事先準備的證件，也是抵達他國國門必備的證明文件。而第一次出國或護照有效期在6個月以內的，都必須申辦護照以及換發新護照。

如何辦理

護照可以親自到外交部領事局台北、台中、嘉義、高雄及花蓮各辦事處辦理，或請旅行社代辦。

申請護照需要文件

■ 親辦申請說明書：外交部領事局或網路下載。

■ 身分證正本及正、反面影本各1份。

■ 白底彩色照片2張。

■ 父或母或監護人之身分證正本及正、反面影本各1份(未婚且未滿18歲之未成年人)。

■ 含詳細記事之戶口名簿正本並附繳影本1份或最近3個月內戶籍謄本正、影本1份(未滿14歲孩童且未請領身分證)。

■ 兵役證件(接近役齡男子、國軍人員、後備軍人)。

■ 規費：每本新台幣1,300元(費用隨時會有變動，申辦前請詳細參閱外交部領事局網站)。

■ 僑委會核發之華僑身分證明書(僑民)。

■ 未逾期護照(新辦則免)。

護照這裡辦

外交部領事事務局
✉ 台北市中正區濟南路1段2之2號3～5樓
☎ (02)2343-2807、(02)2343-2808
🕐 **服務時間**：週一～五(週六、週日及國定假日不上班)
申辦時間：08:30～17:00(中午不休息)，週三延長至20:00
ℹ️ **工作天**：一般件10個工作天，遺失補發11個工作天
🌐 www.boca.gov.tw

台中辦事處
✉ 台中市南屯區黎明路2段503號1樓
☎ (04)2251-0799

雲嘉南辦事處
✉ 嘉義市東區吳鳳北路184號2樓之1
☎ (05)225-1567

南部辦事處
✉ 高雄市苓雅區政南街6號3～4樓(行政院南部聯合服務中心)
☎ (07)715-6600

東部辦事處
✉ 花蓮縣花蓮市中山路371號6樓
☎ (03)833-1041

► 護照是旅人在海外的身分證明，務必妥善保管。若不慎遺失，可查看應變篇的「護照遺失」單元的處理辦法

簽證

持效期超過6個月以上的中華民國護照,可享免簽證在澳門逗留不超過30天。而且自2013年7月10日起入境澳門,澳門出入境事務廳實施「免蓋章措施」,已經不用再手寫入境申請表,一切改為電腦打印。

但遇到遺失或損毀的時候,必須要在辦公時間到出入境事務廳大樓以及各邊境站,才能辦理補發手續。不過從2014年6月23日開始,增加辦理補發的地點,以方便訪澳的遊客,而且還有提供24小時的服務。

自2017年4月10日起,台灣地區居民可憑「台灣居民來往大陸通行證」(簡稱台胞證)經澳門各邊境站出入境,持用人可獲批給最多30天逗留許可。而且自2019年9月2日起,年滿11歲、持有卡式台胞證的旅客,經免費登記後可使用澳門各口岸的自助過關通道入出境。

申辦國際青年證IYTC／YH青年旅舍卡

非學生身分可以申請國際青年證或者青年旅舍卡,即可在澳門教育暨青年局轄下的青年旅舍預約房間。

證件申辦這裡辦

國際學生證ISIC 僅年滿12歲學生可申辦。
$ 新台幣400元
ℹ 所需文件:護照正本(現場辦理)及影本、1吋大頭照1張、學生身分之證明文件影本、申請表

國際青年證IYTC 30歲以下青年均可辦理。
$ 新台幣400元
ℹ 所需文件:護照正本(現場辦理)及影本、1吋大頭照1張、申請表
🕐 週一～五10:00～12:30、13:30～16:30
✉ 台北市忠孝東路四段142號5樓502室(捷運忠孝敦化站5號出口)
📞 (02)8773-1333
http www.isic.com.tw

YH青年旅舍卡 無年齡限制。
$ 新台幣600元
ℹ 所需文件:身份證／護照正本及副本、照片1張、申請表
🕐 週一、二、日10:00～16:30
✉ 台北市大安區忠孝東路四段148號五樓之一 社團法人中華民國國際青年旅舍協會
http www.yh.org.tw,官方LINE:@104gxtse

入境申請表遺失補發地點

地點	地址	時間
澳門警務廳南灣警司處	夜唔斜巷／崗頂斜路澳門警務廳大樓(近何東圖書館)	24小時
澳門警務廳北區警司處	罅些喇提督大馬路／提督馬路(近蓮峰廟)	
澳門警務廳新口岸警司處	十月一號前地治安警察局總部大樓正門一樓(近假日酒店)	
海島警務廳氹仔警司處	氹仔大連街141號(近新濠鋒酒店)	
海島警務廳機場警務處	澳門國際機場大樓南翼地下面向停車場	
出入境管制廳調查及遣送警司處	氹仔北安碼頭一巷,治安警察局出入境事務大樓	
居留及逗留事務廳	氹仔北安碼頭一巷,治安警察局出入境事務大樓	週一～四09:00～17:45 週五09:00～17:30
政府綜合服務大樓	黑沙環新街52號	週一～五09:00～18:00
離島政府綜合服務中心	氹仔哥英布拉街225號3樓	
移動警務室	大三巴街、關閘馬路近關閘廣場	09:00～21:00 大三巴街(週六、日) 關閘馬路近關閘廣場(週一～五)

旅遊行程規畫

依預算選擇旅遊方式

　　很多人在問，旅遊澳門自助好還是要跟團好，當然各有各的優缺點，預算比較多又想有專人幫你打點好一切，絕對是跟團最好。但不想被綁得死死的，只要規畫好旅遊天數及主題，選擇好適合的旅行社，就可以參加安排好的半自助行程。另外，如果想最有彈性的旅行，吃自己想吃、玩自己想玩，無拘無束，當然全自助是最好不過的，只是必須要做好事前功課，這樣才能玩得盡興。

當地基本物價表

基本消費	澳門幣
水(0.5升)	2.9～9
鮮奶	10～12
飲料(保特瓶)	7～9
飲料(鋁箔包)	5.9～7
可樂	8.9～14
啤酒	8～10
絲襪奶茶	13～15
葡式蛋撻	11
豬扒包	25～32
雲吞麵	30～36
廣東粥	26～150

※製表／凱恩

單日預算預估表

項目	澳門幣
住宿(依星級及淡旺季而定)	400～3,000
餐飲(若有到吃米其林午餐)	150～1,000
交通(若有坐機場到澳門半島的酒店)	10～200
景點及門票(若有欣賞水舞間等表演)	20～600
合計	580～4,800

※以上資料隨時會變動，出發前請再次確認。※製表／凱恩

▲絲襪奶茶

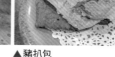

▲豬扒包

自助與跟團比較表

方式	自主性	旅遊風險及安全	費用	優缺點
跟團	低	專業領導、導遊陪伴，最安全	固定支出，部分會有購物行程	優：完全不用思考行程，跟著走就對了 缺：行程和吃的都固定，沒有選擇的餘地
半自助	中	團體行動，相對安全	交通、住宿等為固定支出，其餘較為彈性	優：省掉住宿和交通的時間，相對時間可以較為充裕 缺：行程大部分已固定，同樣沒有辦法臨時變更
全自助	高	靠自己，風險最高	所有開支自主，消費最彈性	優：按照自己想要的來規畫 缺：訂機票、住宿、餐廳等，全部都要靠自己，行程和交通也要自己規畫

※製表／凱恩

行家密技 看懂澳門門牌與地址

　　澳門不像台灣每一戶、每一棟都有完整的「門牌」；在澳門只有路名會出現在大樓牆上或者在街道上，因此澳門地址書寫都是以**區域+路名+建築物+樓層+單位**，所以要找到你想找的地方，就是抄下建築物(大樓)的名稱，這是最安全又迅速的方法。

▲澳門當地常常可以看到這種葡式的磁磚路牌

以下面這個地址為例：

澳門筷子基船澳街海擎天第四座56A

澳門	筷子基	船澳街	海擎天第四座	56	A
↓	↓	↓	↓	↓	↓
國家	區域	路名	建築物	樓層	單位

實用旅遊網站這裡查

澳門旅遊局
www.macaotourism.gov.mo

澳門世界遺產
www.wh.mo

澳門地球物理暨氣象局
www.smg.gov.mo

澳門旅遊塔
www.macautower.com.mo

澳門交通事務局
www.dsat.gov.mo

澳門售票網
www.macauticket.com

澳門民航局無人機專區
www.aacm.gov.mo

澳門自助旅遊 吃喝玩樂報馬仔
www.facebook.com/groups/macaotravel

機票與航空公司的選擇

如何選擇航空公司

　　台灣從北中南共有4家航空公司(澳門航空、長榮航空、台灣虎航、星宇航空)每天直飛澳門,每週更達100班航班。若有預算的考量,當然可以選擇廉價航空,特價時段來回含稅及託運行李只要新台幣4,000元不到。另外,你也可以選擇澳門航空的早鳥票,票價含稅後約為5,000元左右。

▲ 台灣北中南提供每週達100班航班直飛澳門

廉價航空VS.一般航空

　　近年廉價航空(Low-cost Carrier,LCC)掀起了一波自由行的風潮,機票在特價時變得非常優惠,不過澳門航線現在只有台灣虎航提供直飛的航班。

如何訂票最划算

　　不妨上比價網站比較看看,也可以請旅行社幫忙,記得要看清楚機票的規定,因為特價票雖然便宜,但規定非常多,當遇到更改日期或時間時,手續費相當高。

▲ 廉價航空餐點需要另外付費

機票訂購資訊這裡查

 澳門航空　http www.airmacau.com.tw

長榮航空　http www.evaair.com.tw

 台灣虎航　http www.tigerairtw.com

星宇航空　http www.starlux-airlines.com

Skyscanner　http www.skyscanner.com.tw

	風險	票價	託運行李限制	餐點和水	毛毯、枕頭	預先選位	更改航班、日期
廉價航空	高(隨時有取消或延遲航班的可能)	低(特價促銷時)	10KG手提行李(託運行李需加購)	需付費	需付費	需付費	需付費
一般航空	相對低	高	7KG手提行李20KG託運行李	免費	免費	免費	部分需要付費(視票種)

廉航機票訂購Step by Step

 Step **訂購機票**

進入航空公司網站(以台灣虎航APP為例)，選擇出發地、目的地、出發日期、回程日期、人數，選好後點選搜索航班。

Step **選擇航班**

選擇搭乘的航班與票價組合，選擇好後請拉至網頁最下方點選下一步。

Step **資料填寫**

填寫個人基本資料(英文姓名、生日、國籍、護照號碼、護照到期日)，因是廉航的緣故，所以請選擇是否加購託運行李和餐點。

Step **加購項目**

加購託運行李額度、機上餐點、選擇乘坐的位置(廉航需額外付費)。

Step **確認與付款**

確認訂單內容是否正確，確認無誤後線上付款。

Step **確認電子機票並列印**

查看信箱是否有收到電子機票確認單，並列印出確認單妥善保管。

匯兌與保險

兌換現金

在澳門販售的商品和所提供的服務收費一律以澳門幣(MOP)計算，但也可使用港幣或人民幣。

而出國旅遊大家比較費心的，就是換鈔的問題。在澳門，銀行、酒店或外幣兌換店均提供兌換外幣和旅行支票的服務，據點相當的多，十分方便。另外，澳門國際機場和葡京酒店內甚至提供營業至凌晨的兌換外幣服務。

不過機場的匯率是最不理想的，如果想換更好的匯率，不妨可以到其他地方的匯兌店或者銀行。雖然在澳門，人民幣、港幣都適用，但是往往店家都把匯差吸收掉，所以使用澳門幣來消費是最好的，但又要去哪裡換比較好呢？在議事亭前地就有兩家連鎖的外幣兌換店，其實澳門幣防偽功能相當好，所以換到假鈔的機會少之又少。在這裡，你可以用港幣、美金或者新台幣來兌換，十分快捷便利。

▲機場、景點、酒店都有提供澳門幣兌換的服務

匯兌地點在這裡

瑞昌銀號
✉ 關閘口、馬統領街
☎ (853)2835-7418、2871-8910
🕐 08:00～23:00、09:00～19:00
http www.soicheong.com

中國銀行(路氹城)
✉ 倫敦人購物中心3樓3015舖、威尼斯人購物中心2656舖、新濠大道2樓F292舖
☎ (853)8792-3160、2882-8052、2882-4561
🕐 10:00～18:00(週六、日休息)
http www.bocmacau.com

百匯兌換有限公司(議事亭前地)
✉ 議事亭前地13B號地下
☎ (853)2835-6863
🕐 09:30～19:30

葡京找換有限公司
✉ 殷皇子大馬路、新馬路
☎ (853)2871-1972、2872-8870
🕐 08:00～00:00

第一兌換店
✉ 澳門國際機場入境層、離境層、離境層禁區
☎ (853)2886-1532
🕐 05:30～02:00
http firstexchange.com.hk

澳門幣匯率這裡查

在台灣只有兆豐國際商業銀行有提供台幣兌澳門幣的牌價，此外在台灣有部分兆豐銀行的分行有提供少量的澳門幣買賣。

新台幣4元約兌換澳門幣1元。(浮動匯率)
港幣100元約兌換澳門幣103元。(固定匯率)

http 兆豐國際商業銀行：www.megabank.com.tw
http 幣值換算：www.xe.com/currencyconverter

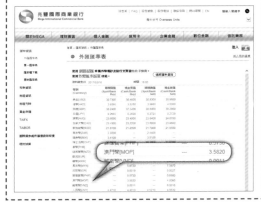

※以上資料隨時會變動，出發前請再次確認。

電子支付

澳門的電子支付，除了澳門通、M Pay和聚易用(澳門各銀行)電子錢包之外，還有中國內地支付寶、AlipayHK與微信支付，另外還有，2013年與Alipay+夥伴電子錢包Tinaba(義大利)、OCBC與Changi Pay(新加坡)、Touch 'n Go eWallet與MyPB by Public Bank(馬來西亞)、TrueMoney(泰國)、GCash(菲律賓)、Toss Pay、Kakao Pay、NAVER Pay(韓國)，以及Hipay(蒙古國)，有提供支付服務。

◀澳門提供多國的電子支付服務

信用卡

澳門大部分餐廳、商店以及連鎖超級市場都可以提供刷卡服務(JCB、美國運通和大來卡較不普遍)，不過要注意匯差以及國外刷卡手續費。另外，店家有權要求出示護照，核對刷卡人身分，所以記得確認信用卡上英文姓名是否與護照姓名相同。

貼心 小提醒

刷卡結帳要以澳門幣別結帳

結帳時店家會詢問，是以母國幣別結帳還是以澳門幣別來結帳？強烈建議使用澳門幣別來結帳，因為如果用母國幣別結帳的話，銀行除了會用最差的匯率結帳外，而且還會再收取約3～4%來自DCC(Dynamic currency conversion，動態貨幣轉換)的手續費，絕對是划不來。

在澳門刷信用卡的簽帳單 ▶

旅行支票

在澳門，只有五星級酒店和銀行提供旅行支票兌換現金的服務，而旅行支票的優點是攜帶方便，又不用的帶著大把現金在身邊；只是缺點兌換的地方不多，所以建議用來作為不時之需。

保險

如果是跟團，通常團費已經包含基本的「旅行業綜合險」(每位旅客擁有250萬元意外死亡險、10萬元醫療險、旅客家屬前往海外處理善後所必須支出之費用10萬元及每一旅客證件遺失之損害賠償費用2,000元的最低保障)。但如果生病就醫或者上班機延誤、行李遺失等，就不包含在內。因此，若你是自由行的話，更不會有「旅行業綜合險」，唯一只有各家信用卡最基本的「旅遊平安險」和「旅遊不便險」而已。

旅遊平安險

一般旅平險保障，只保死亡、殘廢，以及意外醫療，「疾病醫療」通常不列入保障。所以必須要加保一個「海外突發疾病醫療保障」，才能受到保障。另外，如果發生重大事故或疾病的話，需要醫療轉送等服務，就必須加保「海外旅遊急難救助保險」。

旅遊不便險

此為旅遊平安險的加購商品，無法單獨購買，另外，通常使用信用卡購買全額機票或80%以上的團費，信用卡都會附贈「旅遊平安險和旅遊不便險」，而內容則是涵蓋班機延誤(須4小時以上)、行李延誤(須6小時以上)、行李遺失(24小時後未送達)、旅行文件重置、行程縮短損失、劫機補償(一般為新台幣5,000元／日)，其中部分信用卡有針對全球購物提供保障，但會因不同卡別及不同銀行而有不同的理賠金，建議購買前先比較，再決定使用哪一張信用卡。

▲ 機場也可以辦理保險

如何跨國提款

台灣的每張金融卡都有跨國提款的功能，只要出發前開通Maestro、Cirrus功能，在澳門看到有貼上這兩種標誌的ATM，就可以跨國提款了。不過這服務會被收取手續費，使用前請前向銀行詢問清楚。如果你使用的是VISA金融卡，不單可以刷卡同樣也能跨國提款，不過要注意的是提款或刷卡，都是直接從帳餘額中扣除，和一般的信用卡不一樣。

▲ 提款機上會有可以跨國提款的標誌說明

貼心 小提醒

提款機提款應注意

■ 避免假日時使用提款機提款，因為平日卡片出現問題(如吃卡)，還可以請銀行行員幫忙，若遇到假日的話，就只能等到辦公時間才能解決了。

■ 盡量在人煙較多的地方提款(例如酒店內、賭場內)，這樣相對比較安全。

■ 提款卡在國內能使用，並不代表能在國外跨國提款，因為跨國提款所使用的密碼是4位數的磁條密碼，因此出國前請先確認卡片背面磁條是否消磁失效。

跨國提款步驟 Step by Step

Step 1 插入卡片

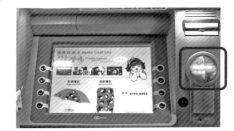

Step 2 選擇語言

Step 3 徵收手續費，請按「是」

Step 4 輸入 4 位數密碼

Step 5 選擇帳戶

Step 6 提款或查詢餘額

Step 7 選擇澳門幣或港幣

Step 8 選擇金額

行李打包

通常去澳門旅遊都是3~4天,建議攜帶一個可拖拉式的行李箱、斜背或後背式背包以及一個隨身包(放現金、護照及重要財物)。

衣著穿著提醒

澳門鄰近海邊,因此春、秋季晚上會吹起海風,建議穿上一件薄外套或風衣來保暖。夏天方面,白天氣溫相當炎熱,記得防曬和補充水分。冬天冷氣團來襲時,氣溫會驟降至攝氏10度以下,禦寒衣服、手套等絕不可缺少。

資料記得備分

備分在雲端

把護照、訂房證明、機票等資料寄到自己的電子信箱或者上傳至雲端硬碟,萬一旅途中遺失,酒店或機場人員出錯,即時可以查詢。

影印隨身帶

除了網路備分外,建議隨身攜帶著護照影印本及大頭照2張以上,放在不同的地方,以備不時之需。

手機或相機

同樣可以利用有照相功能的手機或相機來備分。

海關規定

下列物品禁止攜帶於手提或託運行李中

彈藥、鞭炮	火柴、木炭	放射性物質
01 爆炸物用標籤	02 易燃固體用標籤	03 放射性物質用標籤
氣瓶、丁烷瓦斯	漂白劑、過氧化氫	電瓶、水銀
04 易燃瓦斯用標籤	05 氧化物用標籤	06 腐蝕性標籤
油漆、打火機油、防風(雪茄)打火機	殺蟲劑、農藥	磁性物質、發動機
07 易燃液體用標籤	08 有毒物品標籤	09 其他危險物品

圖片提供／長榮航空

須託運不可放隨身行李

液狀、膠類及噴霧罐(100毫升內封妥後可攜帶)、刀類、尖銳物品、棍棒、工具及農具、打火機、收合超過20公分的攝影(相)機腳架、運動用品等。注意:行動電源及鋰電池只能隨身帶,禁託運。

不可託運也不可放隨身行李

打火機、壓縮氣體、有毒物品、腐蝕劑、爆裂物、易燃物、放射性物品、電擊棒、肉類(不論新鮮、冷藏或醃製)、香腸、魚類(觀賞魚除外)、海產類等。

行李清單(檢查後打✓)

以下為凱恩為大家整理出來的行李清單，大家可以在準備行李的時候使用，並於確認打包完畢的物品欄內打勾。

✓	物品	說明
證件／金錢		
	護照	有效期至少6個月以上
	機票	日期、航班時間、機位狀況出發前必須確認，記得把電子機票或訂位編號寄到電子信箱或上傳至雲端硬碟
	提款卡	確認一下是否開通跨國提款功能，記得自己4位數的密碼
	信用卡	可向信用卡公司申請提高臨時額度，以備不時之需
	訂房證明	備好影印本或將電子檔先寄到電子信箱內，以防酒店人員找不到訂房資料
	現金	以港幣為主、新台幣為輔，到澳門再兌換成澳門幣
	青年、國際學生證	需先辦理，確認有效日期
	護照影本	分開放好，遺失正本時可作補辦之用
	大頭照	2張以上
日常用品		
	太陽眼鏡	尤其7～9月
	雨具／雨衣	尤其3～5月
	薄外套	尤其10～11月晚上
	禦寒衣物	尤其12～2月
	防曬用品	尤其7～9月
	紙筆	記錄或記帳
	免洗內褲	用完即丟，非常方便
	正式衣著	米其林餐廳不能穿著涼鞋、T恤和短褲用餐
	電動刮鬍刀(男性)	注意充電器是否可承受220V
	女性生理用品	隨身攜帶
	隨身藥品	感冒藥、退燒藥、止瀉藥、暈車(船)藥、止癢藥以備不時之需，別忘了個人平常用藥
	牙膏、牙刷、毛巾、沐浴用品	青年旅舍需自備
	指甲剪	須託運
	行李箱鎖	以防行李被不明人士打開
	嬰兒用品(嬰幼兒)	尿布(數量自行斟酌)、奶瓶、甘油球
電子產品		
	手機及充電器	是否開通國際漫遊功能，注意充電器是否可承受220V
	Wi-Fi分享器	檢查開關機功能是否正常、租用天數是否正確(如有問題，立刻致電詢問)
	相機、鋰電池、記憶卡、筆電	注意充電器是否可承受220V
	旅行用轉接插頭	五星級酒店會提供，但要注意充電器是否可承受220V

備註：

機場、碼頭、口岸篇
Airport&Ferry&Port

了解澳門的國際機場、碼頭與口岸

由於澳門與香港的地理位置鄰海，離台灣也近，因此除了可以搭飛機到澳門之外，也可以從香港坐船或坐車過去。如果安排的旅遊行程，包含了中國大陸內部的地點，還可以從口岸出入境澳門囉！

如何前往澳門

大部分遊客來澳門旅遊，都是搭飛機或船進入澳門，亦可從口岸步行過來。機場為澳門國際機場，最主要的碼頭為外港客運碼頭及氹仔客運碼頭。由於澳門北面與中國大陸珠海市相鄰、西面與中國大陸橫琴島以蓮花大橋相連，所以遊客也可以從中國大陸經拱北以及蓮花口岸入境澳門，更可以利用新興建的港珠澳大橋，以陸路從香港或珠海來往澳門。

從台灣搭飛機前往

澳門國際機場是澳門唯一的機場，自1995年12月正式投入運作以來，每月約有4千多班次從在澳門國際機場起落，每週更超過100班航班從台灣(桃園國際機場、台中國際機場、高雄國際機場)直飛澳門。另外，亦可搭乘直升機從香港或深圳入境澳門。

從香港或中國搭船或坐車前往

從香港或中國大陸可以搭乘噴射船入境澳門，而澳門主要碼頭共有兩個，分別為澳門半島的外港客運碼頭以及機場旁的氹仔客運碼頭。同時也可以透過港珠澳大橋利用陸路從珠海或香港入境澳門，而在各碼頭外，可透過酒店與賭場提供的免費接駁車，來往碼頭與酒店間。碼頭介紹請參閱P.54，酒店接駁車請參閱P.58。

▲ 可以利用兩個碼頭，從澳門搭船往來香港以及中國大陸

從中國大陸步行前往

澳門北面與西面都與中國大陸相鄰，如果今天的行程安排是先去中國大陸，再轉往澳門旅遊，那麼旅客可以從拱北以及蓮花口岸步行或坐車前往澳門。由於這裡的旅客流量極大，因此酒店與賭場的接駁車同樣有提供免費搭乘的服務。

▲ 用走的就可以到中國大陸去囉

貼心 小提醒

由碼頭或口岸出入境重要須知

無論從碼頭或者口岸入境澳門，都必須接受護照查驗(與往返澳門國際機場相同)，另要注意的是若從口岸出境，因口岸的另一側為中國大陸，所以必須持有效台胞證或簽證才能正式通關。

認識澳門國際機場

澳門國際機場(Macau international airport)是位於氹仔島的東方海面,是繼大阪關西機場後,全球第二個、大中華地區首個完全由填海造陸而建成的人工島機場。從機場到市中心或路氹城有幾種選擇:酒店接駁車、的士、巴士及輕軌。

http 澳門國際機場:www.macau-airport.com

入境澳門Step by Step

Step 1 沿著指標方向走

出機門後沿著入境的指標方向走。

Step 2 護照查驗

澳門不用填寫入境申請表,只要備妥護照即可。

Step 3 提領行李

在提領行李處都有電子螢幕,會顯示出航班編號及行李轉盤號碼,找到行李轉盤編號後,就可以在轉盤處等待行李。

Step 4 通關

沿海關的指標方向走,若無申報物品的話,請直接走綠色通道即可。若不知道所帶的物品是否需要申報,可瀏覽「澳門海關」官網查詢。

http www.customs.gov.mo (點選「關檢服務」→旅客須知→供個人自用或消費之貨物表)

貼心 小提醒

事先申請卡式台胞證

強烈建議事先申請卡式台胞證,不僅入境澳門前可以先辦理自動過關手續,之後只要用台胞證出入各口岸即可快速通關,還可以隨時出入珠海(拱北、橫琴、灣仔等地區)。

http 自助過關登記地點:www.gov.mo/zh-hant/services/ps-1474/ps-1474g

機場重要設施

這邊介紹在澳門國際機場內的一些重要設施，入境或離境時有需要的旅客可以了解一下。機場為了使旅客更加了解室內服務設施、餐廳、免稅店，在官網上還推出了「機場貼士」的服務。「機場貼士」提供候機樓所有的設施，如販賣機、提款機、充電站、外幣兌換等的服務時間與位置，方便旅客能快速查詢情況。

http www.macau-airport.com

地面層(入境層)

計程車站

位於入境層外，設有計程車候車站，提供遊客來往機場最方便、最快捷的交通選擇。

巴士站

位於入境層外的巴士站，共有8條路線(含夜間巴士)來往澳門半島及離島，不過要注意巴士不設找零，搭乘前要先自備好零錢。

澳門旅遊局旅客詢問處

遊客可以在入境層的澳門旅遊局旅客詢問處，索取各種澳門的旅遊資料，並提供澳門旅遊的專業諮詢。

詢問處

入境層、離境層與禁區均設有詢問處。若有任何問題，都可以到詢問處詢問，服務人員會為你解答。另外，更為行動不便人士提供免費輪椅服務，在候機樓公眾區內可使用。

外幣找換

無論在入境層、離境層或禁區，共有4間外幣找換的銀行分行，提供外幣兌換或購買旅行支票等服務。

公共電話

機場各處都設有公共電話，可使用零錢或者電話卡撥打澳門或國外的電話，亦可撥打各種緊急熱線。

電話卡販賣機

位於入境層的電話卡販賣機，裡頭販售澳門電訊與和記電訊的預付卡以及增值卡，另外在同一樓層更設有澳門電訊的臨時櫃檯，販售3日網路吃到飽的預付卡。

貼心 小提醒

澳門的0或G是台灣的1樓

澳門地面層是以地下(0或G)表示，1樓是指第二層，2樓是指第三層，如此類推。

▲ 澳門的地下其實就是台灣的1樓

機場・碼頭・口岸篇

旅行社櫃檯

位於入境層的旅社櫃檯，提供澳門酒店房價及接駁車等資訊，同樣也提供國外的酒店住宿等旅行服務。

提款機

機場各處都設有提款機，提供現金提款及國外提款的功能，除了可提領澳門幣外，亦有港幣提領的服務。

手機充電站

如果手機沒電怎麼辦？在機場裡，無論入境層、離境層，甚至是禁區都有手機充電站可免費使用。

行李寄存／打包

離境層北側設有24小時營業的行李存放服務，收費方式分兩種，一種是按小時計算，每件澳門幣10元；另一種是按日計算(24小時)，每件澳門幣80元。

行李箱鎖販賣機

如果忘記帶行李箱鎖也沒關係，機場裡頭有行李箱鎖的販賣機，而且都是TSA海關鎖，可大大減低行李箱被破壞的機率。

♥ 貼心 小提醒

攜帶現金注意事項

從2017年11月起，入境澳門攜帶總值為澳門幣12萬元以上現金，或無記名可轉讓票據等，應向海關人員申報，並填寫申報書及選擇紅色通道通關，否則恐遭處澳門幣1,000～50萬元罰款。而出境人士如被海關人員查問，應如實申報，否則同樣可被科處澳門幣1,000～50萬元的罰款。申報範圍並不包括黃金和其他貴重金屬及寶石，另外中途短暫停留澳門特區的過境旅客則無須申報。

入境時須有足夠維生金額證明

自2021年11月15日起，年滿18歲之非澳門居民，入境時須有足夠維生金額證明(包括現金或旅行支票，當地可接受的電子支付錢包等)，若逗留不超過7天不能少於5,000元，7～14天至少10,000元，14～21天最少15,000元，21天以上最少20,000元。隨行家屬或成員，每人在這個基礎上增加80%計算。此外，如果持有信用卡，或已有支付或確保支付酒店或同類場所食宿之證明，可以有豁免或減少所要求的保證金額。

1F(離境層)

郵局

位於離境層南側的郵局，提供明信片販售，信件、包裹等郵寄服務，如果行李超重的話，不妨選擇用郵寄回國，比起付超額的行李費來得划算哦！

航空公司櫃檯

如果行李問題、票務或航班上有疑問，可以到離境層的航空公司櫃檯詢問及求助。

城市指南

可查詢澳門的景點、酒店等資訊。使用澳門通(MACAU Pass)還可以將查到的資訊列印出來。若手邊沒有澳門通，可用手機拍下查到的資訊。

便利商店

在郵局旁的便利商店,提供各種生活用品、飲料、熱食等服務,另外,更有提供澳門通販賣以及加值服務。

🕐 **營業時間:07:30~23:00**

輕軌站

機場入境層(地面層)及1F(離境層)出口右方通道,可通往輕軌機場站。

閣樓(非禁區)

食肆

在離境層閣樓,有各式各樣的食肆餐廳,其中包括星巴克、麥當勞以及速食餐廳。

禁區(候機大堂)

免稅店

位於各登機閘口前的空間,有各式各樣禮品以及國際精品等販售服務,而且還有提供線上預訂服務。

吸煙室

機場自實施控菸法後,在2019年6月29日起採用了世界上首台空氣幕簾和除菌離子相結合的分煙系統的吸煙室,提供需要的旅客使用。

紀念店販賣機

提供各式各樣特色的澳門文創紀念品,部分更是機場限定的商品,讓你可以把握登機前購買所需的紀念品。

英記餅家/鉅記餅家

機場新擴建禁區內,集合了澳門兩大赫赫有名的伴手禮名店,如果才發現買不夠的話,這裡不妨是一個補貨的好地方。

便利商店

位於3號登機閘口前,提供各種生活用品、飲料、熱食等服務。

閣樓(禁區)

航空公司貴賓室

澳門航空以及各航空公司聯合使用的機場貴賓室,提供各式的餐飲招待,商務以及休息的地方。

🕐 **環亞機場貴賓室及澳門航空貴賓室:**
  05:00~02:00

食肆

在禁區內的閣樓,除了航空公司的貴賓室外,另一側是星巴克以及美食餐廳,提供各國不同的料理美食。

出境澳門Step by Step

Step 1 查看航班資訊

最保險的做法是登機(Check-in)前2小時抵達機場。在離境層會有電子螢幕,顯示出每家航空公司Check-in的櫃檯。

Step 2 辦理登機

到各家航空公司登機櫃檯辦理Check-in。

貼心 小提醒

起飛60分鐘前報到櫃檯關櫃

澳門國際機場為了符合國際民航組織及澳門當局對託運行李安檢(HBS)過程的新安全要求,自2019年8月5日起,所有航空公司的報到櫃檯,都必需於起飛時間60分鐘前停止辦理報到手續並進行關櫃,請務必提前抵達機場。

Step 3 安全檢查、護照查驗

通過安全門,包括液體(常見是水)及危險物品不能隨身攜帶。背包、外套、零錢、鑰匙、手機等必須放在檢查籃中。此外如果有筆記型或平板電腦,必須從背包中取出,單獨放置在檢查籃接受檢查。手提隨身行李禁止攜帶物品請參閱行前準備篇。

安全檢查後,才會來到護照查驗的部分。**請注意**:如果是用台胞證入境澳門,出境時也必須使用台胞證出境,否則電腦資料庫會抓不到你的入境資料。

Step 4 候機室等候搭機

抵達正確的登機門後,等待空服人員廣播通知,出示護照及登機證依序登機(通常是起飛前30分鐘)。若搭乘商務艙或頭等艙的乘客,登機前可以先到機場貴賓室休息。

從機場往返市區或路氹城

從澳門國際機場往返市區或路氹城,大部分都是以酒店接駁車以及的士為主。但澳門並不是每一家酒店都有提供接駁車有來往機場,到現在為止,只有路氹城各酒店的接駁車有來往酒店與機場間,澳門半島的只有永利澳門、澳門美高梅有提供免費接駁車的服務。

酒店接駁車

在機場,酒店接駁車的搭乘位置,位於機場入境層(地面層)出口右方,標示也非常清楚好找。而路氹城所有酒店以及澳門半島部分酒店(永利澳門、澳門美高梅)都有提供免費的接駁車來回,可依照入住的酒店來選擇要搭乘那一家的接駁車。

▲接駁車的位置非常好找

輕軌

輕軌站搭乘位置,位於機場入境層(地面層)出口右方,可以利用輕軌來往媽閣、氹仔市區以及路氹城各酒店。

巴士

巴士站位於機場入境層(地面層)出口左前側,位置相當明顯。澳門半島或離島來往機場的路線共有9條路線(其中包含一條深夜路線),不過要注意的是攜帶大型行李搭乘巴士,由於行李體積過大會阻礙巴士其他乘客,司機有權拒絕上車(AP1除外)。

▲機場有9條路線來回澳門半島及離島

▲旅客可利用輕軌輕鬆來往媽閣、氹仔市區以及路氹城

的士

　　的士候車區同樣位於機場入境層(地面層)出口右前側,位置與巴士站相鄰。不過要注意在機場搭乘會被收取機場附加費,而且只要將行李放置車箱,無論大小,都會以件計費,每件為澳門幣3元。

▲ 在機場搭乘的士,會收取機場附加費

AP1為機場巴士

　　AP1路線(AP1X為快線)是為了配合澳門國際機場開幕開始行駛,從關閘往返澳門國際機場,車上設有行李架,全程收費為澳門幣6元;服務時間為06:00～01:20,尖峰5～8分鐘一班,離峰10～12分鐘一班;途經澳門半島北區、外港客運碼頭、氹仔客運碼頭等。

▲ AP1機場巴士車內且提供行李置物架,可以攜帶大型行李上車

機場交通工具比較表

交通工具	說明	價格(澳門幣)
酒店接駁車	路氹城各酒店(威尼斯人、新濠天地、新濠影匯、巴黎人、倫敦人、永利皇宮、銀河度假村、美獅美高梅)、永利澳門、澳門美高梅等	免費
巴士(Bus)	26:筷子基北灣往路環市區(06:00～23:30)	8.0
	36:蘇利安圓形地往返澳門機場(07:00～23:50)	
	51A:海擎天往返蝴蝶谷大馬路(06:00～00:00)	
	51X:關閘往返澳門機場(06:30～09:00、16:00～19:00)	
	AP1:關閘往返澳門機場(06:00～01:20)	
	AP1X:關閘往返澳門機場(06:00～10:00、15:00～20:00)	
	MT1:城市日前地往返澳門機場(07:00～00:00)	
	MT4:筷子基北灣往返氹仔客運碼頭(06:00～01:00)	
	N2:筷子基北灣往返氹仔客運碼頭(00:00～06:00)	
的士(Taxi)	於機場搭乘會收取附加費	5.0
	行李費／每件(放置在行李箱)	3.0
輕軌	機場站	6.0～12.0

※資料時有異動,請以官方公布的最新資訊為準。AP1X／51X在週六、週日及公眾假期不設服務。 ※製表／凱恩

認識澳門客運碼頭

外港客運碼頭
OUTER HARBOUR FERRY TERMINAL

從中國、香港往返澳門

因為不是每個國家飛機航線都會直飛澳門，有些國家必須從香港國際機場往返，所以香港和澳門的交通就變得相當的重要了，香港機場、澳門機場與船務公司三方合作下，提供「直通快線」以及「機場航線」服務。此外，中國大陸部分地區也會透過搭船入境澳門。

機場航線

「機場航線」是香港國際機場增設的服務，主要是方便澳門居民以及旅客從澳門到達香港國際機場最快捷、最便利的服務。旅客可以從澳門直接往返香港國際機場，無需入境香港境內，船務公司亦會有專人為直接處理行李託運，送抵澳門兩大客運碼頭或直接送上飛機。

■乘客須於航機出發前120分鐘到達海天客運碼頭辦理登機手續。
■海空旅客在海天客運碼頭成功辦理登機手續，經航空公司甄別符合申請退回離境稅資格後，將獲發退稅券，通過保安檢查後可於退稅處憑券即日退回離境稅。

直通快線

「直通快線」是澳門國際機場增設的服務，無論你是空海旅客或海空旅客，或者使用港珠澳大橋的旅客，只要使用「直通快線」就能以最短時間，無需辦理一般出入境及海關手續，享受兩關一檢的服務。意思就是如果你從澳門下飛機後，立刻前往香港或中國大陸的話，就能不用入境澳門，在澳門國際機場客運大樓辦理轉運手續，船務公司會有專人為直接處理行李託運，送抵氹仔客運碼頭候船室。

■空海服務的交通收費為澳門幣50元
■直通快線登機服務收費為港幣70元
■電話：(853) 2886-1111／(853) 2888-1228

貼心 小提醒

澳門機場的便民服務

位於港珠澳大橋澳門口岸邊檢大樓的澳門國際機場值機服務中心，於2023年9月下旬正式啟用。首階段以中國內地及香港團體旅客為主，同時也服務經由香港乘坐金巴或自駕到澳門港珠澳大橋東停車場的客人，旅客可獲退回乘客服務費。

▲不用領取行李和出關，就能空路與海路完美接駁

外港客運碼頭

位於澳門半島東南方的外港客運碼頭,簡稱「外港碼頭」,俗稱「港澳碼頭」,是旅客使用率最高的碼頭,提供往返香港及中國大陸的航班的客運碼頭。同時碼頭上方設有直升機坪,提供空中快線往返香港及中國深圳。

▲從1993年使用至今,依然是澳門最繁忙的碼頭

冰仔客運碼頭

位於澳門國際機場東方的冰仔客運碼頭,俗稱「北安客運碼頭」或「北安碼頭」,是澳門第二個往返香港及中國大陸的碼頭。此外,澳門國際機場的「直通快線」也是透過冰仔客運碼頭來往香港。

內港客運碼頭

位於澳門半島內港第11A號碼頭,是澳門一個海路出入境口岸。取代原設於內港,第14號碼頭的粵通碼頭。提供澳門內港至珠海灣仔跨境海上客運航線。

船班資訊這裡查

噴射飛航(TurboJET)

航線往來香港(上環港澳碼頭)、九龍尖沙咀(中國客運碼頭)、香港際國際機場(海天客運碼頭)及中國大陸(深圳機場福永碼頭、深圳蛇口),航程約60～90分鐘。

http www.turbojet.com.hk

☎ (853)2855-5025(週一～五09:00～18:00)

金光飛航(Cotai Water Jet)

航線往來香港(上環港澳碼頭)及香港際國際機場(海天客運碼頭),航程約60～90分鐘。

☎ (853)2885-0595

http hk.cotaiwaterjet.com

粵通船務有限公司

航線往來中國大陸(深圳機場福永碼頭、深圳蛇口及珠海灣仔),航程約10～80分鐘。

☎ (853)2893-9944

澳門海事及水務局

☎ (853)2855-9922

http www.marine.gov.mo

▲冰仔客運碼頭船次相對外港客運碼頭來得少

認識口岸

從澳門前往中國大陸

　　澳門北面與西面都與中國大陸相鄰，因此旅客可以從關閘邊檢大樓和路氹邊檢大樓往返中國大陸。但切記因口岸的另一側為中國大陸，所以必須持有效台胞證或簽證才能正式通關。

關閘邊檢大樓

　　啟用於2004年2月的關閘邊檢大樓，年平均出入境人次更高達1.34億人次，是全球最大流量的出入境口岸，從這裡可直接步行通往中國珠海市的拱北口岸。

■服務時間：06:00～01:00

 豆知識

關閘城樓

　　其實關閘這關口，是在1574年(明萬曆二年)所興建，當時只是一座樓高三層的中式閘門城樓。1849年後，葡萄牙占領以北地區並修築一條馬路，就是現在的關閘馬路。直到1874年(清同治十三年)，中式閘門城樓被葡萄牙強行拆除，而當時關閘門的石碑現鑲嵌於市政署大樓內。

橫琴口岸聯檢大樓

　　新啟用的橫琴口岸聯檢大樓是澳門另一個通往中國大陸的關口，是24小時通關的口岸，舊的路氹邊檢大樓因澳門輕軌延伸橫琴線動工，已經拆除。可直接在大樓的珠海端搭乘城軌。

▲透過橫琴口岸聯檢大樓出關後，可透過城軌前往珠海長隆海洋王國

青茂口岸

　　繼橫琴口岸的第三個陸路往返珠澳的出入境口岸，口岸連接澳門青洲區及城軌珠海站／高鐵珠海站兩地，以自助通關為主，僅供行人通過，不設車輛通道。暫時只開放已申辦澳門以及中國自助通關的中港澳居民使用(旅客暫時未開放)。

珠澳口岸人工島澳門口岸

2018年3月15日起正式交付澳門特別行政區使用的珠澳口岸人工島澳門口岸,是港珠澳大橋澳門端所使用的口岸,而三地口岸分別由三地政府各自設立和管理,採取「三地三檢」通關,並實施24小時港澳兩地通關。而交通方面,可利用穿梭巴士來往香港和珠海兩個口岸及市區。

港珠澳大橋穿梭巴士(金巴)

旅客完成出境手續後,可搭乘24小時服務的大橋穿梭巴士。提供24小時服務。票價方面,香港與澳門的票相樣面價相同。每程日間票價(06:00～23:59)澳門幣65元、夜間票價(00:00～05:59)為澳門幣70元;未滿12歲且身高不足120公分之兒童、傷健人士和65歲及以上長者均享有五折優惠,票價則為日間澳門幣33元、夜間澳門幣35元。

http www.hzmbus.com

跨境交通

論方便性,可以選擇「港澳快線」或「港澳一號」等跨境巴士,由於路線是採用市區對市區的方式,所以省去香港或澳門轉車的時間,就可以往返港澳門兩地市區。

跨境巴士路線與時間

名稱	澳門與香港停靠站點	單程票價(成人)	營運時間
港澳快線	澳門:威尼斯人、上葡京、回力、星際、美獅美高梅、銀河、新葡京、澳門美高梅、澳門金沙 香港:太子、圓方、尖沙咀中港城	**週一～五:** 澳門幣／港幣160元,人民幣145元 **假日及公眾假期:** 澳門幣／港幣:180元,人民幣165元	澳門:07:50～21:00 香港:08:00～19:50
港澳一號	澳門:倫敦人、威尼斯人、澳門金沙 香港:佐敦	**週一～五(18:00前):** 澳門幣160元／港幣170元 **週一～五(18:00後)、假日及公眾假期:** 澳門幣180元／港幣190元	澳門:11:05～21:05 香港:08:00～18:00

港澳一號:www.onebus.hk;港澳快線:www.hkmoexpress.com。※製表/凱恩

巴士站

連貫公路/
新濠天地

| 15 | 21A | 25 | 25X |
| 26 | 26A | 56 | N3 |

交通篇
Transportation

開心遊澳門，哪些交通工具最適合?

澳門境內交通工具包括：酒店接駁車、巴士、的士、單車以及輕軌，可依不同的目
的地來選擇搭乘那一種交通工具。

酒店及賭場接駁車

澳門各大娛樂場及酒店都有提供接駁車，即使是非住客或非會員都可任意搭乘，費用全是免費，不過少數從酒店出發的班車，需為房客或者有消費證明才能搭乘。大部分都有外港客運碼頭、氹仔客運碼頭、港珠澳大橋、橫琴口岸，以及關閘的路線，也有來往澳門國際機場的接駁車，如果只是來澳門3～4天旅遊，使用接駁車絕對是最省時、快捷又方便的方法。

最常使用的接駁車路線

以下是為頻繁使用的來回路線時刻表，分為「澳門半島酒店、路氹城酒店」接駁車路線，讓大家方便查詢。等待時間通常不會很久，大約平均15～20分鐘一班。詳細時間可上各別官網查詢。

▲澳門最方便的交通工具莫過於就是酒店接駁車

澳門半島酒店接駁車路線

酒店 \ 路線	澳門機場	關閘	外港碼頭	橫琴口岸	氹仔碼頭	港珠澳大橋
葡京	V		V		V	
新葡京	V	V	V	V	V	
永利澳門		V	V	V		V
星際		V	V			
澳門美高梅	V	V	V		V	
十六浦		V	V			V
英皇		V				
皇都		V	V			
澳門金沙		V	V		V	
金銀島		V	V			V

※資料時有異動，請以官方公布的最新資訊為準。※製表／凱恩

交通篇

路氹城酒店接駁車路線

酒店 ＼ 路線	澳門機場	關閘	外港碼頭	橫琴口岸	氹仔碼頭	港珠澳大橋
威尼斯人	V	V	V	V	V	
倫敦人	V	V	V	V	V	V
新濠天地	V	V	V	V	V	
新濠影滙	V	V	V	V	V	
銀河、百老匯	V	V	V		V	V
永利皇宮	V	V			V	V
巴黎人	V	V	V		V	
美獅美高梅	V	V			V	
羅斯福		V			V	V
上葡京	V	V	V	V		V
葡京人	V	V	V	V	V	

※以上資料時有異動，請以官方公布的最新資訊為準。※製表／凱恩

其他特殊的接駁路線

部分酒店另有提供其他路線的接駁車，像是同一集團的酒店往返、來回半島、離島等特殊路線。等待時間通常不會很久，大約平均15～20分鐘一班。詳細時間可上個別官網查詢。

路線	路線
新濠天地／新濠影滙↔澳門中區	新濠天地／新濠影滙↔新濠鋒
銀河↔星際	英皇↔盛世
永利皇宮↔永利澳門、葡京人	美獅美高梅↔澳門美高梅↔澳門旅遊塔
羅斯福↔新八佰伴、駿龍	鷺環海天↔威尼斯人(限假日及公眾假期)
葡京人↔凱旋門	上葡京↔氹仔舊城區
金銀島↔排角輕軌站／地堡街、威尼斯人、皇庭海景／英倫遊艇會	金銀島↔永利澳門、金龍、御龍、鏵龍、新八佰伴、駿龍、澳門旅遊塔
澳門金沙↔威尼斯人↔倫敦人	上葡京↔葡京、新葡京、回力海立方、新八佰伴、澳門旅遊塔
羅斯福↔星皓購物廣場、星匯豪庭、天晉、鉑海灣、排角輕軌站／地堡街、威尼斯人、皇庭海景／英倫遊艇會	

※以上資料時有異動，請以官方公布的最新資訊為準。※製表／凱恩

各酒店接駁車相關規定

■各酒店接駁車全部是景點往返酒店的路線，並不會提供景點與景點間的路線。

■非酒店房客都能免費搭乘。

■搭部分路線，持集團會員卡或房卡可優先搭乘。

■部分路線須提前預約，搭乘前可以詢問酒店服務人員。

▲ 規定常常更新改變，出發前必須多留意新的資訊

巴士

自 2018年8月開始，澳門巴士改由澳門公共汽車有限公司以及澳門新福利公共汽車有限公司共同營運，行駛在澳門市區、氹仔和路環之間。而各巴士站均有以中、葡文說明的路線牌，介紹各公共汽車的行走路線。

車資計算

巴士一律都是上車付費，大人、小孩(身高超過100公分)同價。車資的計算方式從2018年4月21日起，不再分區收費，統一票價為澳門幣6元，而使用澳門通可享優惠(一般路線：澳門幣3元，X快線：澳門幣4元)，此外，車上不設零錢找換，乘客請自備硬幣乘車。澳門通介紹請參閱P.61。

巴士投現&使用澳門通價目表

區域	票價 (澳門幣)	澳門通 (澳門幣)
一般路線	6.0	3.0
X快線	6.0	4.0
港珠澳大橋 穿梭巴士(金巴) 港澳線	65.0 (成人；日間) 33.0 (未滿12歲或120公分之下兒童、傷健人士和65歲及以上長者；日間) 70.0 (成人；夜間) 35.0 (未滿12歲或120公分之下兒童、傷健人士和65歲及以上長者；夜間)	

※資料時有異動，請以官方公布的最新資訊為準。※製表／凱恩

▲2家巴士公司提供全澳門的巴士服務

行家密技 搭乘開蓬觀光巴士

「開蓬巴士一天遊」全程約70分鐘，可無限次數上下車，途經澳門多個旅遊熱點，包括澳門漁人碼頭、澳門旅遊塔、科學館、永利澳門、媽閣廟及路氹城的酒店等。此外，還有全程約50分鐘的「開蓬巴士夜遊」活動，可欣賞澳門獨有的風景夜色。

http goldsparktours.com

巴士資訊這裡查

澳門交通事務局
http www.dsat.gov.mo/dsat

澳門新福利公共汽車有限公司
http www.transmac.com.mo

澳門公共汽車有限公司
http www.tcm.com.mo

澳門通MACAU Pass

▲ 就和悠遊卡一樣，到處都能消費

「澳門通」其實就像是台北的悠遊卡、香港的八達通，就是儲值的電子票券，面額為澳門幣130元(含100元儲值金)。使用地點非常廣泛，包含巴士、輕軌、電召、便利商店、超市、麵包店、餅店、自動販賣機、餐廳、停車場付費等。

此外，還可以享受搭乘巴士和輕軌半價優惠，以及45分鐘內(澳門路環60分鐘內)轉乘免費，非常值得購買。不過要注意的是，若連續3年內未有扣值或加值，卡片的餘額會被視為不動戶口，卡片功能同時自動失效，澳門通公司會從餘額內開始每月扣除行政處理費，直到卡片解凍為止。

◀ 便利商店都能透過澳門通機器來消費及加值

澳門通資訊這裡查

各大便利商店、超市及門市等皆可購買，詳情可參閱官網。

☎ (853)2872-7688

http www.macaupass.com

客戶服務中心

皇朝旗艦店
✉ 巴黎街10號富達花園地下AX座、AZ座、BA座、BB座、BC座、BD座及BE座
🕐 10:00～19:00(公眾假期休息)

氹仔
✉ 廣東大馬路79號南貴花園地下B舖
🕐 週一～五10:00～19:00(公眾假期休息)

北區
✉ 黑沙環海邊馬路183號南澳花園地下AI座
🕐 週一～五10:00～19:00(公眾假期休息)

巴士站牌與車內解析

首先要先看懂站牌，以及了解如何付錢。

站牌說明

站名
巴士路線
巴士路線圖

路線說明

各路線沿途停靠站名，紅點是現在的位置

內部結構

下一站資訊

下車鈴

投幣箱及
澳門通刷卡機

投幣箱

澳門通刷卡機

搭巴士 Step by Step

Step ① 招手叫車

和台灣一樣，招手叫車。

Step ② 前門上車

Step ③ 投幣或刷卡

上車投幣或刷澳門通(澳門搭乘巴士是沒有提供票券)。

下一站資訊

Step ④ 按鈴下車

到站前按鈴，後門下車。澳門通下車不需刷卡。

的士

澳門

澳門的士原本只有黑色車身奶黃色車頂的的
士車，不過自2017年04月01日起，澳門多了
一家由澳門電召的士服務
股份有限公司成立的電召
的士，可以用電話叫車。
全新的電召的士，除了
一般版本外，還有提供無障
礙車型方便殘障人士搭乘。

▲ 在觀光區都有提供附近
的士站的位置

叫車資訊看這裡

黑的電話   📞 (853)2828-3283

澳門電召的士
📞 (853)2881-2345   http macaotaxi.com

◀ 電召可提供6位乘
客搭乘，而價格和
黑色的士一樣

車資價目表

收費(2024/02/08起)	車資及附加費 (澳門幣)
起程價(首1600公尺)	21.0
每220公尺	2.0
停車候客收費(每55秒)	2.0
放置在行李箱的行李(每件)	3.0
澳門往路環	5.0
氹仔往路環	2.0
於澳門國際機場的士站、氹仔客運 碼頭的士站、橫琴口岸澳方口岸區 或港珠澳大橋珠澳口岸人工島搭乘	8.0
於橫琴島澳門大學新校區搭乘	5.0
澳門往氹仔或由兩離島返回澳門	不收附加費
特別的士(藍色)即時電召費	5.0

從機場到各地車資價目表

地點(從機場出發)	車資(澳門幣)，含兩件行李
新口岸	130
媽閣、下環	110
關閘	130
新馬路	120
氹仔市區	90
路氹城	80
路環	100

※資料時有異動，請以官方公布的最新資訊為準

貼心 小提醒

的士亂喊價時可投訴

注意澳門部分不良的士司機會有出現亂喊
價或不跳錶的情形，所以建議大家一定要堅
持跳錶，如出現懷疑繞路或濫收車資，可即
時撥打24小時熱線(853)2837-4214緊急求
助，治安警會即時派員到場處理。若乘客遇
到的士司機恐嚇、禁錮等刑事情況，應立即
報警999求助。

行家 密技 **計程車車身數字解密**

澳門超載罰金很重，所以司機看到人數過
多時絕對不會以身試法，但你要如何得知計
程車可以坐幾個客
人？其實看看標示在
車身上的數字，那就
是可載的客人數。

▲ 4即代表可以載4個客人

輕軌

2019年12月10日正式通車的澳門輕軌，是澳門首條捷運鐵路運輸，氹仔線全長12.5公里，雙向行車軌道，約7～10分鐘一班，全程27分鐘。由氹仔客運碼頭站出發，經機場、路氹城、氹仔舊城區、氹仔市中心的主要住宅區，最後經西灣大橋到達澳門本島的媽閣站，沿線總共12個捷運站。除了氹仔線外，還有石排灣線(1.6公里)、橫琴線(2.2公里)以及東線(7.7公里)尚在興建中，未來可以串通其他澳門重要的地區及口岸。　http mlm.com.mo

▲ 列車名為濱海巡航，是一台以濱海度假勝地為設計概念的列車

路線	站名	出口	鄰近景點與酒店	轉乘
氹仔線	媽閣	A	媽閣廟、海事博物館、媽閣碼頭、媽閣塘區	
		B	媽閣休憩區	
		C	聖地亞哥酒店、媽閣交通樞紐	
	海洋	B	氹仔海濱休憩區及單車徑	
	馬會	A	駿龍酒店、君怡酒店、四面佛	
		B	澳門賽馬會、羅斯福酒店	
	運動場	A	奧林匹克運動中心、奧林匹克游泳館	
		B	駿龍酒店、君怡酒店、四面佛	
	排角	A	官也街、路氹歷史館、北帝廟、天后宮	
		B	銀河綜合度假城	
	路氹西	A	威尼斯人、巴黎人、四季酒店	
		B	路氹城生態保護區、安達仕酒店(銀河)	
	蓮花	A	路氹城生態保護區、新濠影滙	橫琴線(興建中)
	離島離院	興建中	離島醫院	石排灣線(興建中)
	東亞運	A	美獅美高梅	
		B	澳門東亞運動會體育館、葡京人、上葡京	
	路氹東	A	倫敦人、美獅美高梅、新濠天地	
		B	永利皇宮、葡京人、上葡京	
	科大	A	澳門科技大學、科大醫院	
	機場	A	金皇冠中國大酒店	
		B	澳門國際機場	
	氹仔碼頭	A	氹仔客運碼頭	東線(興建中)
橫琴線	蓮花	A	路氹城生態保護區、新濠影滙	氹仔線
	蓮花口岸	興建中	橫琴口岸聯檢大樓	
石排灣線	離島離院	興建中	離島醫院	氹仔線
	石排灣	興建中	路環小型賽車場、大熊貓館	

※氹仔線營運時間：週一～五06:30～23:15，週六～日、公眾假期06:30～23:59。最新詳情請查閱官網

車票及票價

單程票

分成人單程票(12歲以上)以及特惠單程票(12歲以下、65歲以上及殘疾人士)兩種。使用輕軌通或澳門通直接感應,可享半價優惠。

票價

乘搭車站數	一般單程票(澳門幣)	一般輕軌通、澳門通全民卡或特惠單程票(澳門幣)	身高不超過1公尺的小童或長者或殘疾人士輕軌通或澳門通(澳門幣)
0～3	6.0	3.0	
4～6	8.0	4.0	免費
7～9	10.0	5.0	
10～12	12.0	6.0	

※特惠單程票:12歲以下的小童、未持有輕軌通或澳門通的年滿65歲的長者或殘疾人士乘客

■搭乘須知

1. 身高100公分以下小童免費搭乘。
2. 若入站時間超過30分鐘,不論搭乘站點數量(包括同站出站),需支付澳門幣6元;超過60分鐘將無法直接出站。同時,若遺失輕軌票證,將直接單次收取澳門幣10元。

輕軌通

是一張預付式的電子儲值車票,車費於出閘會從卡片的餘額自動扣除,首次購買,每張須繳付澳門幣30元的製作費,分成人輕軌通(12歲以上)以及特惠輕軌通(65歲以上及殘疾人士)兩種。

■搭乘須知

1. 欲退回輕軌通內餘額,可到客戶服務中心辦理,並需繳付澳門幣10元的行政處理費。

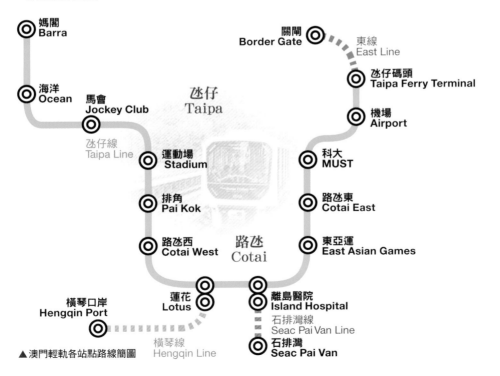

▲ 澳門輕軌各站點路線簡圖

車站設施

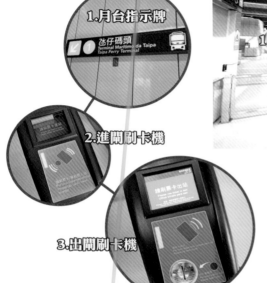

1. 月台指示牌

2. 進閘刷卡機

3. 出閘刷卡機

▲ 車站內嚴禁吸煙以及飲食

購票流程Step by Step

Step 1 選擇目的地站點或票種

Step 2 選擇數量及支付方式

Step 3 支付款項

　　使用現金、支付寶、澳門通、微信等支付等(注意：澳門通只能購買車票，但不能直接刷卡入閘口)。

Step 4 領取車票與餘額

其他交通工具

交通篇

單車

澳門租用單車的地方並不多,大部分集中在官也街及氹仔海濱休憩區,租金每小時約澳門幣20元,提供遊客在附近暢遊單車樂,租用手續非常簡單,租用者每輛單車需繳交押金,或以有效身分證明文件作登記,當交還單車並繳付租車費用後,將退回押金或刪除有關身分證明文件資料。

▲除了在官也街騎單車外,還可以到氹仔海濱休憩區單車徑體驗鐵馬的感受

貼心 小提醒

單車不適合騎到路氹城

因為大部分都是親子家庭去享受鐵馬的樂趣,但是路氹城附近的車速非常快,砂石車又多,因此不建議騎著單車到那邊,這樣非常危險。

人力三輪車

三輪車是澳門特色的旅遊交通工具之一,從外港客運碼頭或葡京酒店前出發,沿途暢遊澳門半島南、西灣美景後,最後來到大三巴牌坊,價格由澳門幣100元起(同時提供包車服務)。此外,澳門旅遊局在各觀光景點,不定期會舉辦三輪車推廣活動,費用全免,內容除了定點拍照外,還有路線體驗之旅。

人力三輪車也有▶提供包車的服務

貼心 小提醒

澳門路小車多不建議自駕

雖然澳門政府許可台灣國際駕照在澳門免試自駕,但由於澳門市區車多且路小,加上假日時停車位一位難求,而且酒店接駁車相當方便,故凱恩不建議在澳門自駕,建議使用酒店接駁車或者大眾運輸較為妥當。

住宿篇
Accommodations

在澳門除了酒店，還有什麼住宿選擇呢？

澳門小歸小，但是住宿選擇可不少，各式豪華星級酒店比肩而立，讓人目不轉睛。若是有費用上的考量，也有一般酒店、青年旅舍可供參考。依照自己的行程規畫、出遊預算，來選擇最適合自己的住宿地點吧！

選擇合適的酒店

澳門被稱為「東方拉斯維加斯」，因此住宿主要以酒店(飯店)為主，各式各樣的三～五星級酒店琳瑯滿目任君挑選，當然也有經濟實惠的青年旅舍，因此出發前先好好規畫，列好自己的預算來選擇自己合適的住宿地方。

依個人習慣選擇

網路上有很多比價網站，例如Agoda、Trivago、HotelsCombined等，有時候看起來感覺好像某些網站比較便宜，但實際上各網站的稅金大大不同，另外如果你是某訂房網的會員，更有回饋或者會員專屬優惠，所以建議使用你常用的幾個訂房網去訂房即可。

貼心 小提醒

訂房注意事項

- **雙人房**：Double Room及Twin Room都是雙人房的意思，不過前者是一張雙人床，後者是兩張單人床。
- **務必留意退款政策再下訂**：選擇房型時，有分為可免費取消或不可退款，訂購一定要注意。
- **列印訂房紀錄**：訂房成功後，網站系統會自動發出一封訂房的電子郵件，切記要把訂房紀錄列印出來，萬一Check-in時櫃檯找不到訂房紀錄時可以作為證明之用。

Step 1　輸入搜尋條件

▲訂房專屬優惠

在訂房網站上選擇你要到的國家、住宿日期、人數及天數，就能搜尋到符合你條件的許多飯店。

▲圖以Agoda為例

Step 2　挑擇喜歡的酒店

仔細瀏覽飯店的描述、評價回饋、付款條件設定，以及可訂購的房型，確定你心儀的選項再下訂。建議盡量選擇可免費退款的方案，以免旅行計畫有更動時無法變通。

Step 3　選定及付款

填寫入住人資料與入住時間、聯絡人姓名、手機及電子郵件信箱，並使用信用卡或Paypal付款，點選「立即預訂」就完成預訂了。

星級酒店的挑選技巧

澳門大部分住宿都以酒店(台灣稱為飯店)為主,從三～五星豪華級酒店多達60間可供選擇,依照不同的星級,價格從一晚澳門幣500～2,000元不等,訂房前可以先多比較,選擇自己最合適的酒店。

此外,酒店價格變動的差異在於淡、旺季,澳門的旺季大部分落在節慶時段(聖誕節、農曆新年等)或者澳門有大型盛事時(11月賽車),當時的價格可到淡季的兩倍以上,甚至一房難求。

酒店設備與交通

房間內基本上都會免費提供瓶裝水,四星級以上的酒店更有提供保險箱,不過要注意的是冰箱內的飲料以及進口瓶裝水是需要另外付費的。另外,由於澳門星級酒店分別分布在澳門半島及離島各區,因此五星級酒店大部分都有提供免費接駁車來回酒店,所以其實來往景點非常的方便,可多加利用。(接駁車資訊,請見交通篇)

▲ 房間內的瓶裝水都是免費

貼心 小提醒

住澳門半島比路氹城方便

雖然路氹城已成為來澳門必逛的景點之一,但路氹城有一個缺點就是便利商店售價很貴,價格幾乎是市區的兩倍以上。此外,如果想享受一個道地的早餐,同樣的也要到氹仔市區才能享用得到,路氹城的生活機能並沒有比澳門半島來得方便。

插頭轉接器

五星級的酒店房間內的插座都是多國型的插座,電子用品可直接使用,不過要注意澳門的電壓是220V,另外,部分四星酒店都有提供插頭轉接器,但安全起見,如果不是入住四星級以上的酒店,最好還是自備旅行用的插頭轉接器,確保不會有使用上的問題。

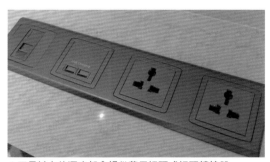
▲四星以上的酒店都會提供萬用插頭或插頭轉接器

上網服務

澳門的酒店大部分都有提供免費的Wi-Fi上網服務,或者房間內就有LAN插座可直接使用。

住宿種類選擇

澳門酒店由澳門特別行政區政府旅遊局負責評級,由五星級豪華至二星級共5個級別,部分酒店設施絕對有條件申請五星級酒店,但為了吸引更多遊客,自願降至四星級或以下來優惠在房價上。

各星級酒店

澳門美高梅 (MGM Macau)

豪華5星 ★★★★★

《Forbes》五星推薦酒店,擁有以葡萄牙首都里斯本車站為設計藍圖的天幕廣場。

📍 澳門半島 💲 每晚平均房價澳門幣1,430元 ✉ 新口岸孫逸仙博士大馬路 🌐 www.mgm.mo

新葡京酒店 (Grand Lisboa Macau)

豪華5星 ★★★★★

是全澳門最高的「七星級」標準打造的五星級酒店。

📍 澳門半島 💲 每晚平均房價澳門幣1,388元 ✉ 新口岸葡京路 🌐 www.grandlisboahotels.com

永利澳門 (Wynn Macau)

豪華5星 ★★★★★

類似拉斯維加斯綜合度假村模式的賭場酒店,《Forbes》五星大獎酒店。

📍 澳門半島 💲 每晚的平均房價約澳門幣1,500元 ✉ 新口岸仙德麗街 🌐 www.wynnresortsmacau.com

勵宮酒店 (Legend Palace Hotel)

豪華5星 ★★★★★

獨立小陽台能坐擁無敵海景。

📍 澳門半島 💲 每晚的平均房價澳門幣1,250元 ✉ 漁人碼頭 🌐 www.fishermanswharf.com.mo

▲ 勵宮酒店有獨立的陽台,能欣賞漂亮的海景

永利皇宮 (Wynn Palace)

豪華5星 ★★★★★

樓下有環湖纜車以及全澳最大型的水舞表演。

📍 路氹城 💲 每晚平均房價澳門幣1,600元 ✉ 體育館大馬路
http www.wynnpalace.com

四季酒店
(Four Seasons Hotel Macao)

豪華5星 ★★★★★

擁有5個露天泳池的度假勝地。酒店可直通威尼斯人的大運河購物中心。

📍 路氹城 💲 每晚平均房價澳門幣1,600元 ✉ 路氹連貫公路
http www.fourseasons.com/macau

澳門上葡京綜合度假村
(Grand Lisboa Palace Resort Macau)

豪華5星 ★★★★★

結合17～18世紀中西風格建築設計的酒店，同時也是《Forbes》五星大獎酒店。

📍 路氹城 💲 每晚平均房價澳門幣1,250元 http www.grand
lisboapalace.com

▲ 整個上葡京度假村擺放著各式各樣的藝術品

美獅美高梅 (MGM Cotai)

豪華5星 ★★★★★

猶如珠寶盒般設計的酒店，裡頭的「視博廣場」的天幕被評為健力士世界紀錄™最大懸跨網架式結構玻璃屋頂(自支撐)。

📍 路氹城 💲 每晚平均房價澳門幣1,600元 ✉ 體育館大馬路
http www.mgm.mo

▲ 入住美藝的房間，還會送上小獅子作為見面禮

頤居 (Nüwa)

豪華5星 ★★★★★

2018年1月16日正式推出的酒店品牌，取代原有的皇冠度假酒店(Crowns Towers)。

📍 路氹城 💲 每晚平均房價澳門幣1,700元 ✉ 路氹連貫公路新濠天地 http www.cityofdreamsmacau.com

THE KARL LAGERFELD Macau

豪華5星 ★★★★★

全球唯一由時尚大師Karl Lagerfeld親自設計並以其命名的奢華酒店。

📍 路氹城 💲 每晚平均房價澳門幣1,250元 http www.grand
lisboapalace.com

Palazzo Versace Macau

豪華5星 ★★★★★

亞洲首間范思哲主題豪華酒店。

📍 路氹城 💲 每晚的平均房價澳門幣1,250元 http www.grand
lisboapalace.com

葡京酒店 (Hotel Lisboa Macau)

五星級 ★★★★★

澳門第一間五星級酒店，酒店前是亞馬喇前地，交通相當方便，地下一樓是必買的樂宮餅店。

📍 澳門半島 💲 每晚平均房價澳門幣800元 ✉ 新口岸葡京路 🔗 www.hotelisboa.com

澳門君悅酒店 (Grand HYATT Macau)

五星級 ★★★★★

「水舞間」就在酒店樓下，超方便。

📍 路氹城 💲 每晚平均房價澳門幣1,575元 ✉ 路氹連貫公路新濠天地 🔗 www.cityofdreamsmacau.com

十六浦索菲特酒店
(Sofitel Luxury Hotels)

五星級 ★★★★★

客房均備有法國名牌L'Occitane浴室用品。步行約15分鐘即可到達議事亭前地。

📍 澳門半島 💲 每晚平均房價澳門幣835元 ✉ 內港巴素打爾古街 🔗 www.ponte16.com.mo

澳門康萊德酒店(Conrad Macao)

五星級 ★★★★★

全球康萊德之中唯一榮獲《Forbes》五星級殊榮。

📍 路氹城 💲 每晚平均房價澳門幣1,518元 ✉ 路氹連貫公路澳門倫敦人 🔗 hk.london ermacao.com/hotels/conrad-macao

▲康萊德酒店送給入住的房客精美禮物(康萊德小熊、荔枝糖)

澳門威尼斯人
(The Venetian Macao)

五星級 ★★★★★

酒店以威尼斯水鄉為主題。樓下有必逛的大運河購物中心，內有超過350間商店。

📍 路氹城 💲 每晚平均房價澳門幣1,199元 ✉ 路氹連貫公路 🔗 www.venetianmacao.com

▲酒店的概念是源於拉斯維加斯威尼斯人度假村酒店

YOHO金銀島名勝世界酒店
(YOHO Treasure Island Resorts World Hotel)

五星級 ★★★★★

可遠眺主教山、澳門旅遊塔、南灣湖美景，也是唯一全澳首創露天風呂的酒店。

📍 澳門半島 💲 每晚平均房價澳門幣800元 ✉ 南灣湖一號 🔗 www.treasureislandresortsworld.com

羅斯福酒店
(The Macau Roosevelt)

五星級 ★★★★★

全澳門唯一一間可以在房間內欣賞賽馬的優雅酒店。

📍 氹仔 💲 每晚平均房價澳門幣1,500元 ✉ 柯維納馬路 🔗 www.themacauroosevelt.com

銀河酒店 (Galaxy Hotel™)

五星級★★★★★

「澳門銀河」綜合度假城自家獨立品牌。

📍 路氹城 💲 每晚平均房價澳門幣1,198元 ✉ 「澳門銀河」綜合度假城 🌐 www.galaxymacau.com

澳門大倉酒店 (Hotel Okura Macau)

五星級★★★★★

從接待人員到酒店風格都採簡約日式風。

📍 路氹城 💲 每晚平均房價澳門幣1,280元 ✉ 「澳門銀河」綜合度假城 🌐 www.galaxymacau.com

澳門悅榕莊 (Banyan Tree Macau)

五星級★★★★★

唯一擁有獨立花園和私人泳池的度假別墅區。

📍 路氹城 💲 每晚平均房價澳門幣2,160元 ✉ 「澳門銀河」綜合度假城 🌐 www.galaxymacau.com

文華東方酒店 (Mandarin Oriental)

五星級★★★★★

唯一沒有賭場的五星級酒店。房間都有無敵大海景View，1樓更是澳門名牌精品旗艦店壹號廣場。

📍 澳門半島 💲 每晚平均房價澳門幣2,388元 ✉ 新口岸孫逸仙博士大馬路 🌐 www.mandarinoriental.com

▲煙火匯演期間，只有文華東方的湖景客房能欣賞到最漂亮的美景

鷺環海天度假酒店 (Grand Coloane Resort)

五星級★★★★★

澳門唯一擁有天然海灘的酒店，鄰近高爾夫球場。

📍 路環 💲 每晚平均房價澳門幣765元 ✉ 黑沙馬路1918號 🌐 www.grandcoloane.com

澳門喜來登大酒店 (Sheraton Grand Hotel Macao)

五星級★★★★★

全球最大的喜來登，客房均備有專屬的喜來登「甜夢之床」。

📍 路氹城 💲 每晚平均房價澳門幣900元 ✉ 路氹連貫公路澳門倫敦人 🌐 hk.londonermacao.com/hotels/sheraton-macao

▲澳門喜來登是全球最大規模的喜來登酒店

澳門麗思卡爾頓酒店 (The Ritz-Carlton, Macau)

五星級★★★★★

路氹城最豪華、最貴的套房型酒店。

📍 路氹城 💲 每晚平均房價澳門幣3,288元 ✉ 「澳門銀河」綜合度假城 🌐 www.galaxymacau.com

澳門百老匯 (Broadway Macau)

五星級★★★★★

樓下的百老匯大街集結澳門多間平價美食名店。

📍 路氹城 💲 每晚平均房價澳門幣798元 ✉ 「澳門銀河」綜合度假城 🌐 www.galaxymacau.com

摩珀斯酒店 (Morpheus)

五星級 ★★★★★

　　於2018年開幕，是新濠天地最新的酒店，不單有客房和套房外，還有空中別墅。

📍 路氹城 💲 每晚平均房價澳門幣1,600元 ✉ 路氹連貫公路新濠天地 🔗 www.cityofdreamsmacau.com

澳門安達仕 (Andaz Macau)

五星級 ★★★★★

　　一間充滿中葡風格，同時結合大型會展及國際會議中心的酒店。

📍 路氹城 💲 每晚平均房價澳門幣1,200元 ✉ 「澳門銀河」綜合度假城 🔗 www.galaxymacau.com

澳門瑞吉酒店
(The St. Regis, Macao)

五星級 ★★★★★

　　賓至如歸的管家服務，另外更提供免費燙衣和擦鞋服務。

📍 路氹城 💲 每晚平均房價澳門幣1,794元 ✉ 路氹連貫公路澳門倫敦人 🔗 hk.londonermacao.com

靈感來自紐約瑞吉酒店▶ 百萬樓梯的概念

▲瑞吉酒店最吸引人就是他的管家服務

澳門銀河萊佛士
(Raffles at Galaxy Macau)

五星級 ★★★★★

　　於2023年8月16日開幕，當中套房更是全球第一家安裝了三星「畫壁」電視與互動裝置的酒店。

📍 路氹城 💲 每晚平均房價澳門幣1,200元 ✉ 「澳門銀河」綜合度假城 🔗 www.galaxymacau.com

▲來自新加坡的萊佛士酒店

澳門JW萬豪酒店
(JW Marriott Macau)

五星級 ★★★★★

　　亞洲最大的JW萬豪酒店。

📍 路氹城 💲 每晚平均房價澳門幣1,265元 ✉ 「澳門銀河」綜合度假城 🔗 www.galaxymacau.com

▲從房間就能一覽天浪淘園的美景

葡京人 (Lisboeta)

四星級★★★★

結合澳門1960年代懷舊元素、歐舒丹、LINE FRIENDS主題為設計主軸的飯店。

📍 路氹城 💲 每晚平均房價澳門幣988元 ✉ 溜冰路 http www.lisboetamacau.com

▲全球首間LINE FRIENDS主題房

澳門新濠影滙W酒店 (W Macau - Studio City)

四星級★★★★

由Zaha Hadid團隊操刀設計，裡頭有大中華區首間的W音效套房。

📍 新濠影滙 💲 每晚平均房價澳門幣1,000元 http www.studiocity-macau.com

澳門倫敦人 (The Londoner Macao)

四星級★★★★

奢華型酒店。大堂設計參照了倫敦克拉里奇酒店及皇宮酒店而興建了水晶金殿，內外都有多個地標以及打卡點。

▲與David Beckham合作設計並推出占地兩層的Beckham套房

📍 路氹城 💲 每晚平均房價澳門幣630元 ✉ 路氹連貫公路澳門倫敦人 http hk.londonermacao.com

迎尚酒店 (The Countdown Hotel)

四星級★★★★

位於新濠天地內，前身是硬石酒店(Hard Rock)。

📍 路氹城 💲 每晚平均房價澳門幣870元 ✉ 路氹連貫公路新濠天地 http www.cityofdreamsmacau.com

新濠影滙 (Studio City)

四星級★★★★

唯一擁有室內全年恆溫30度全天候水上樂園的酒店。

📍 路氹城 💲 每晚平均房價澳門幣870元 ✉ 路氹連貫公路 http www.studiocity-macau.com

▲路氹景觀客房從房間就能欣賞金光大道的美景

澳門巴黎人 (The Parisian Macao)

三星級★★★

豪華的接待大廳，溫馨浪漫的巴黎鐵塔景色。

📍 路氹城 💲 每晚平均房價澳門幣1,050元 ✉ 路氹連貫公路 http www.parisianmacao.com

▲巴黎人雖自評三星，但絕對有五星等級的硬體設備

英皇娛樂酒店
(Grand Emperor Hotel)

三星級★★★

走路到議事亭前地不用10分鐘。

📍澳門半島 💲每晚平均房價澳門幣1,000元 ✉南灣商業大馬路288號 🌐 www.grandemperor.com

澳門藝舍 (Hotel S)

二星級★★

前身是最佳西方新新酒店，離媽閣廟、崗頂、福隆新街等景點超近。

📍澳門半島 💲每晚平均房價澳門幣490元 ✉內港司打口14～16號 🌐 www.macaohotel-s.com

卡爾酒店 (Caravel Hotel)

二星級★★

步行5分鐘即可到達十月初五街、康公夜市等景點。

📍澳門半島 💲每晚平均房價澳門幣540元 ✉海邊新街96-126號 🌐 zh.caravelhotelmacau.com

新東方商務賓館
(San Tung Fong Commercial Inn)

經濟型

分為南北兩座，鄰近新馬路以及十月初五街，徒步可以到達議事亭前地等景點。

💕 貼心 小提醒

青年旅舍租用對象

1. 年齡需介於15～45歲。
2. 參加由教育暨青年局舉辦或協辦之活動的團體或個人。
3. 澳門本地的青年團體或學校。
4. 持有國際青年卡、國際青年旅舍卡或國際學生證之旅客或交流活動的人。

經濟實惠的青年旅舍

澳門的青年旅舍共有兩間，分別為黑沙以及竹灣青年旅舍，皆為澳門教育及青年發展局轄下的青年旅舍，價格相當便宜，收費一天從澳門幣80元起，但必須符合條件才能租用。故租用前請向澳門教育及青年發展局詢問清楚，以免發生不必要的糾紛。

▲黑沙旅舍步行就能到達黑沙海灘

青年旅舍資訊這裡查

竹灣青年旅舍
🌐 www.dsej.gov.mo(選擇青年→青年旅舍)
@ webmaster@dsej.gov.mo
✉ 路環法令司士古街(竹灣海灘斜坡頂)
📞 (853) 2888-2024

黑沙青年旅舍
🌐 www.dsej.gov.mo(選擇青年→青年旅舍)
@ webmaster@dsej.gov.mo
✉ 路環黑沙龍爪角海濱路
📞 (853) 2888-2701/2/3
📠 (853) 2888-1112

外宿注意事項

住宿篇

民宿、Airbnb並不合法

在澳門，民宿以及Airbnb是不合法的，所以訂房前請多加查詢，以免發生糾紛時難以求償，合法住宿可於澳門特別行政區政府旅遊局查詢。

http zh.macaotourism.gov.mo(選擇計劃行程→出發前)

入住酒店須知

部分酒店、賓館不提供盥洗用品

澳門五星級的酒店所選用的淋浴用品，都是採用國外的知名品牌。而二星級酒店以及賓館大多數都不提供盥洗用品(牙刷、牙膏、淋浴用品等)，訂房前最好事先與旅館確認，否則自己事先準備。

▲ 有些五星級酒店的淋浴品使用英國皇室頂級正統芳療品牌AROMATHERAPY ASSOCIATES

重要物品需隨身攜帶

澳門三星級以下的酒店，房間內都沒有提供保險箱，所以重要物品(如護照)最好隨身攜帶。

Check-in要付押金

在澳門無論你是入住幾星級的酒店，房價已付清還是還未付清，Check-in必須付上押金，通常最低是澳門幣500元，可以付現或刷卡。這是客人使用房間內付費飲料、食物或其他付費服務的預扣款。若入住期間並沒有使用的話，在Check-out後會全額退回。

房內要付小費

付小費是一種禮儀，通常一個房間入住2天或以上，而你也需要房間整理的話，你可以把紙鈔放在床頭作為感謝，可用不同國家的貨幣(美金1元、澳門幣10元等)，絕不能放銅板，因為這是非常不禮貌的舉動。

冰箱與抽屜付費食物及飲料

房間內的瓶裝水都是免費的，但抽屜內的泡麵、零嘴，冰箱內的瓶裝水、啤酒以及飲料都必須另外付費，價目表都會放在抽屜或貼上標籤，所以使用前可向櫃檯人員詢問清楚。

▲ 冰箱內的飲料都要另外付費

最低房價陷阱多

無論使用酒店官網或者訂房網站，都會有「最低房價」的優惠價，但裡頭內容一定要詳細閱讀，不能因為被最低價格沖昏了頭。大家最常沒注意到的是最低價格其實是不包含酒店早餐或Wi-Fi上網服務，使用時必須要另外付費，另一個就是訂房後不能全額退費等。

飲食篇
Gourmet

澳門在地小吃VS.星級美食，怎麼吃最道地、划算？

豬扒包、廣東粥、葡國菜、煲仔飯、蛋撻、雙皮燉奶、絲襪奶茶、米其林星級料理……眾多澳門美食琳瑯滿目，哪間的味道最道地？哪間的價格最實惠？

在這個章節中，為各位統統詳細列舉出來。根據個人口味喜好，安排一場美食之旅吧！

阿拉斯
AL
CRA

澳門餐廳文化

澳門可以說是美食老饕的天堂，從小吃攤到百貨公司，從早餐到晚餐，甜點到宵夜，各式各樣的飲食供人選擇。地理上，因為緊鄰香港，所以有許多美食相互交流的機會。而歷史上，因為曾被葡萄牙統治過，獨特的歷史背景，也塑造了澳門獨有的美食特色。這是一個中西文化薈萃的城市，因此也造就自身別具一格的美食文化。

室內全面禁菸

澳門「控菸法」自2012年正式生效，禁止於公眾場所及室內吸菸(賭場內另設有吸菸區)，違者罰鍰澳門幣1,500元，如果不按時繳交罰鍰的話，可能會導致下次被拒絕入境。

禁止吸煙
É proibido fumar
No smoking

賭場的瓶裝水不用錢

賭場裡都會擺放和酒店客房內一模一樣的瓶裝水，這些瓶裝水可以隨意取用，無需詢問賭場人員。

用餐時間不相同

澳門原則上一天有5個用餐的時間，早餐時間從早上6點～10點(早茶從5點開始)。午餐和晚餐的時間比台灣晚一些，午餐約在1點左右，晚餐會在8點開始，另外還有宵夜時段，不過通常會開宵夜時段的店，都會在晚上6點左右開始營業，一直到深夜。

一般食肆不提供面紙

在澳門，非餐廳的一般的食肆(麵鋪、粥鋪、茶餐廳等)都不會提供面紙，需要的話必須付費購買，所以用餐前最好自備面紙，以免因為面紙售價問題而產生糾紛。

高級餐廳不能隨便穿

澳門有很多間高級及米其林餐廳，穿著也有相關的規定，部分餐廳會在訂位時告知穿著上的注意事項。服飾方面，一切以時尚便服為主，女士禁止穿著拖鞋或帶帽入場；男士禁止穿著拖鞋或涼鞋、帽、短褲、T-Shirt以及無袖襯衫入場。

酒樓晚上不供應點心

澳門的每間酒樓，只有早茶和中午才會提供點心(部分會到下午茶時段)，而晚上都會改為桌菜、現炒等，所以晚上去酒樓是吃不到點心的！

飲食篇

澳門用餐須知

餐廳用餐步驟

Step 1 ### 服務生帶位

澳門無論中、西式的餐廳幾乎都大同小異，告知人數後，請服務生幫忙帶位，如果位置不喜歡的話，可隨時跟服務生溝通是否可以更換位置。

▲澳門大部分店家都是等待服務生帶位

▲服務生帶位後，若不喜歡，可詢問服務生可否換位

Step 2 ### 看菜單

就座後，通常服務人會先倒茶水，如果是港式飲茶，會詢問客人要沖什麼茶(茶資以人頭計算)；如果是西式餐廳，會詢問客人是否需要進口的礦泉水(有氣泡或無氣泡)，但同樣是需要額外付費。

Step 3 ### 點餐&用餐

如果是米其林餐廳、葡萄牙餐廳等外國餐廳，餐點完後大多會送上麵包，而且這

▲通常餐廳附的餐前麵包都可無限續用

麵包是免費無限續用。若餐點太久沒有上菜，可直接招手向服務生反應。

Step 4 ### 結帳

中、西式的餐廳結帳時不需離開座位，只要招手請服務生結帳，他們就會拿帳單來桌邊結帳。

- **服務費**：澳門酒店內的餐廳、米其林餐廳、葡萄牙餐廳都會收服務費，費用為10%，結帳時可確認一下含服務費的總金額是否有誤。

- **小費**：如果是刷卡結帳的話，就不需要付任何的小費，若是付現結帳，通常零錢是不拿回來而是當作小費，但小費金額不會超過澳門幣10元。

看懂菜單&收據

看懂菜單並不難，因為澳門使用中文的人數比較多，所以連米其林餐廳、葡萄牙餐廳都有提供中文菜單(部分餐廳除外，只提供英文菜單)，也可請他們推薦菜色。

 豆知識

澳葡菜和正宗葡國菜

在澳門，葡國菜其實有分為澳葡菜以及正宗葡國菜，兩者可是大大的不同。例如大家常吃到的非洲雞或葡國雞，在葡萄牙可是吃不到的哦！因為這是一道創新的澳門式葡國料理。而正宗葡國菜，代表作莫過於就是葡國烤乳豬和焗鴨飯。

▲葡萄牙烤豬手滋味外焦裡嫩

▲葡國雞在葡萄牙可是吃不到的哦

菜單解析

類別

頭盤及沙律
APPETISERS AND SALADS

澳 葡式美食 *Macanese/ Portuguese*

Bela Vista 峯景閣

菜肴名稱	價錢
葡式小食拼盤（兩位用） 馬介休球、葡國火腿、炸蝦批、素菜咖喱角、 雞綿葡國腸配醃菜、鹹水欖、蒜茸包 Portuguese Snack Sampler Platter (for Two Persons) Bacalhau Balls, Portuguese Cured Ham, Shrimp Rissoles, Macanese Vegetarian Samosa, Assorted Portuguese Sausag with Pickled Vegetables, Marinated Olive and Garlic Toast	198
素菜咖喱角 Chamuças Macanese Vegetarian Samosa	40
羊肉咖喱角 Samosas de Cordeiro Lamb Samosas with Mint Chutney	55
馬介休球 Pasteis de Bacalhau Deep-fried Bacalhau Cakes with Tartar Sauce	58
香炸蝦批 Rissois Deep-fried Portuguese Breaded Shrimp Dumpling	48
香炸肉批 Chilicotes Deep-fried Meat Pies	48
葡式蟹肉磨菇批 Casquinha de Caranguejo Macanese Mushroom Crab Cake with Tomato Salsa	58
龍蝦餛飩 Lobster Dumpling Crustacean Emulsion and Tomato Salsa Vinaigrette	128
澳葡式蒜茸辣椒炒大蝦 Macanese Devil Chilli Prawns Black Garlic Rock and Coriander Gel	108

菜肴名稱　　　　　　　　　　　　　　價錢

廚師推介 Chef's recommendation　　　素菜食品 Vegetarian (Healthy
All prices are subject to 10% servic
以上收費需另加壹服務費

飲食篇

澳門菜單中、英、葡文對照表

類別	英文	葡萄牙文
開胃菜	Appetizer	Acepipe
前菜	Starter	Entrada
湯	Soup	Sopa
沙拉／沙律	Salad	Salada
主菜	Main course	Prato Principal
葡式	Portuguese	Portuguesa
素食	Vegetarian dish	Prato vegetariano
肉類	Meat	Carne
海鮮	Sea food	Marisco
三明治／三文治	Sandwich	Sanduíche
酒精性飲料	Alcohol	As bebidas alcoólica
汽水	Soft drink	Refrigerante
熱飲	Hot drink	Bebida quente
果汁	Juice	Suco
啤酒	Beer	Cerjeva
甜點	Dessert	Sobremesa
木糠布甸	Serradura	Serradura
馬介休	Bacalhau	Bacalhau
葡式青菜湯	Caldo Verde soup	Caldo Verde

小費

在澳門，小費並不是一定要給付的，結帳時如果是以刷卡結帳，就不需要多付小費；若是現金結帳的話，通常零錢會當作小費不會拿回來，但金額並不會超過澳門幣10元。請注意，有些店家會故意把紙鈔換成零錢來欺騙一些沒留意紙鈔的客人(例如找零是26元，正常是兩張10元紙鈔，6元硬幣，但店家會換成1張10元紙鈔，16元硬幣)。

收據解析

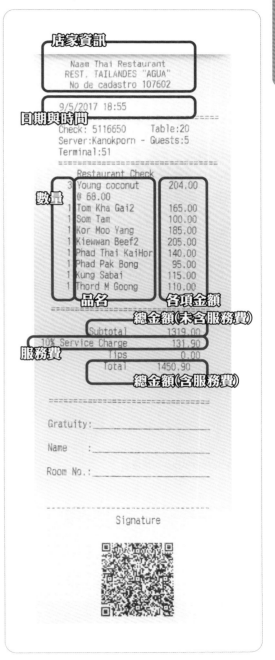

店家資訊

Naam Thai Restaurant
REST. TAILANDES "AGUA"
No de cadastro 107602

日期與時間

9/5/2017 18:55

Check: 5116650   Table:20
Server:Kanokporn - Guests:5
Terminal:51
=============================
        Restaurant Check
數量

3	Young coconut	204.00
	@ 68.00	
1	Tom Kha Gai2	165.00
1	Som Tam	100.00
1	Kor Moo Yang	185.00
1	Kiewwan Beef2	205.00
1	Phad Thai KaiHor	140.00
1	Phad Pak Bong	95.00
1	Kung Sabai	115.00
1	Thord M Goong	110.00

品名   各項金額

總金額(未含服務費)

Subtotal   1319.00
10% Service Charge   131.90
服務費   Tips   0.00
        Total   1450.90

總金額(含服務費)

Gratuity: _____

Name   : _____

Room No.: _____

- - - - - - - - - - - - - - - -

Signature

澳門必吃美食

澳門是一個多元化的地區，所以餐廳也有非常多的種類可供選擇，當中有大家熟悉的豬扒包、雲吞麵、廣東粥、葡式蛋撻、港式飲茶、葡萄牙料理等應有盡有。此外，由於近年來素食主義的流行，澳門也有很多地方提供素食料理。

早餐類

曾是葡萄牙殖民地的澳門，葡萄牙早餐當然不可或缺，在氹仔飛能便度街的CUPPA COFFEE裡頭，就可以品嘗到道地的葡萄牙早餐，當中最具代表的莫過於就是葡式可頌三明治。

鹹白粥、炒麵、腸粉

雖然簡單，但絕對是傳統道地的中式早點。

葡萄牙早餐

豬扒包

以法國麵包、吐司或者菠蘿麵包中間夾著香煎過的醃製肉排，鮮嫩多汁。

廣東粥

同樣是常見的早餐之一，粥檔有著各式各樣的粥品，例如：艇仔粥、肉丸粥、魚片粥等。

法蘭西多士

麵包加入蛋汁再用食油煎至金黃色的西多士，中間夾著花生醬，上頭淋上蜂蜜，甜甜的滋味，口感軟綿。

主餐類

點心

飲茶必吃的食物之一，
例如大家熟悉的蝦餃、
燒賣、叉燒包、腸粉等。

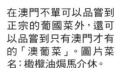

在澳門不單可以品嘗到
正宗的葡國菜外，還可
以品嘗到只有澳門才有
的「澳葡菜」。圖片菜
名：橄欖油焗馬介休。

葡國菜

米其林星級料理

在米其林餐廳可以享受到
各種味道與特色的料理。

燒臘

澳門燒臘大部分配以白飯、米粉、河
粉、麵等販售，除了大家平常吃得到的
油雞、叉燒、燒鴨、乳豬等，還可以品嘗
得到少見的金錢雞、燻蹄等。

中式料理

在中午、晚上，甚至宵夜都可以
品嘗得到中式的現炒，大家在台
灣常吃到的乾炒牛河(牛肉炒河
粉)，其實就是一道非常考驗火
候的料理。

竹昇打麵

當中代表就是雲吞麵以及
咖哩牛腩麵，爽口的麵條，
搭配著大地魚為底的高湯
或者加入牛腩汁的牛骨高
湯，都是一番不同的風味。

煲仔飯

以前只有在大牌檔才能吃
到的煲仔飯，現在茶餐廳、
酒樓和快餐店都可以品嘗
得到，常見的如鳳爪排骨煲
仔飯、黃鱔煲仔飯、田雞煲
仔飯、北菇滑雞煲仔飯、窩
蛋牛肉煲仔飯等。

豬肚雞

豬肚爽口，雞肉鮮嫩，湯的味道融合了雞和豬肚的鮮味，最後加入肉丸、鮮雞什(雞雜)、竹腸等，高湯更加濃郁美味。

無論是集合花蟹、貝類、鮮蝦、大頭鱨等海鮮熬煮的大盤魚，或者整個冬瓜放入粥底的冬瓜盅等，都是道地的順德名菜之一。

順德名菜

骨煲

用肥美濃郁的豬骨、雞腳及豬內臟，再加上中藥以及蔬果調味煮成的澳門特色火鍋。重點是吃骨髓，可以利用吸管對準豬筒骨吸取，另外再以筷子把骨縫內的筋肉和骨髓弄出來吃。

荷花宴

每年6～7月為荷花盛開的季節，澳門各大餐廳會用蓮子、蓮藕等與荷花相關的食材做出一道道荷花盛宴。

宵夜類

使用米漿為底，再加入碎牛肉、魚片、鮮蝦仁或廣東叉燒作為內餡捲成的腸粉，是傳統的點心之一，常見的有鮮蝦腸粉、牛肉腸粉、叉燒腸粉等。

拉布腸(腸粉)

水蟹粥

粥底增添了螃蟹的鮮味，是澳門特有的美食之一。亦有部分店家採用水蟹、膏蟹以及肉蟹3種蟹，再配上以生蠔熬煮的粥底，增添它的風味。

飲食篇

甜品類

豆腐花、豆奶

用石磨把黃豆磨出來的豆花，口感滑嫩細緻，豆香濃郁。至於豆奶，同樣香濃，口感厚實。

蛋撻

蛋撻共分為兩種，一種是葡式蛋撻，蛋香夾著焦糖口味的口感與味道，另一種是中式的酥皮蛋撻，以酥鬆的撻底以及香濃的內餡為主。

糖水

腐竹糖水、紅豆沙、芝麻糊、綠豆湯等都是經典的糖水之一，款式會根據不同季節而改變，製作出各種滋潤養生的糖水。

澳門是一個各個文化匯合的地方，因此也可以品嘗到義大利的手工冰淇淋以及冰棒。

義大利冰品

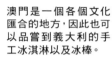

木糠布甸

葡文叫Serradura，因上層馬利餅碎貌似木糠(木屑)而名，是由奶油、馬利餅碎等材料逐層冷凍而成的葡萄牙甜品。

楊枝金露

利用柚子、葡萄柚、芒果、西米、鮮奶油和糖水拌勻而成的甜品，也有在楊枝甘露中加入椰汁、雜果或燕窩等食材。

雙皮燉奶

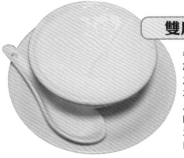

牛奶煮過等上層凝固後，再把牛奶加入蛋白及糖隔水蒸，然後鋪上奶皮。過程相當複雜的燉奶，吃下去，濃郁奶香味在嘴內散發出來。

水果飲料及甜品

各式各樣的水果製作出來的果汁、水果盤以及甜點，是炎熱夏天消暑的最佳選擇。

飲料類

瓦煲咖啡

利用瓦煲小火慢煮的咖啡，讓咖啡受熱更均勻、更全面，因此煮出來的咖啡就更會香滑且濃郁。

絲襪奶茶

用棉紗網過濾茶葉雜質，讓奶茶口感更香滑且更有厚度。但因棉紗網用久後，顏色與絲襪非常接近，因此稱為「絲襪奶茶」。

鴛鴦

是一種由奶茶加咖啡混合的飲料，有著咖啡的香味和奶茶的香濃口感。

主成分是伏特加和番茄汁，再加入其他當地特色的配料，被稱作是全世界最複雜的雞尾酒。

血腥瑪麗

澳門啤酒

誕生於1996年澳門啤酒，是澳門地區唯一的本地啤酒品牌，在2002年被日本麒麟啤酒株式會社收購，成為Kirin旗下產品之一。

涼茶

常見有廿四味、五花茶、雪梨茶、感冒茶等等，味道多數是苦中帶甘。另外，涼茶更在2006年獲中國國務院列為518種「國家級非物質文化遺產」之一。

小吃類

港澳燒烤塗的大部分皆以蜂蜜為主，因此口味不單只有肉香，還帶蜂蜜的甜味。

燒烤

澳門大部分食材都是醃製後油炸，有別於台灣裹粉的脆皮炸物。

炸物

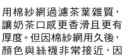

放在炭火上烘烤的雞蛋仔口感上,較台灣的雞蛋糕來得扎實且有咬勁。

雞蛋仔

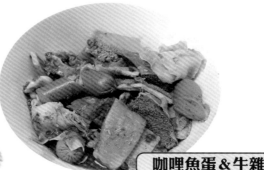

咖哩魚蛋&牛雜

不要小看這道地的小吃,這小小一顆魚蛋,光港澳這兩個地方,每年食用就超過20億顆。另外,以濃郁的柱侯醬汁調味的牛內臟,口味獨特,口感也因不同部位各有不同。

蘋果雪梨煲豬骨烹調教學

(4人份)

港澳人吃飯時,必定要先喝湯來暖胃,因此煲湯是每個家庭掌廚的必要學會的技巧之一。其實煲湯並不難,只要學會食材如何搭配,就能煲出一鍋美味的靚湯。

1 準備的食材:蘋果(3顆)、雪梨(2顆)、玉米(1條)、紅棗(約8顆)、排骨(1盒)。

2 把排骨洗淨用熱水汆燙後備用。

3 蘋果和雪梨洗淨後切塊併去籽、玉米同樣切塊。

4 開水約2公升煮沸後,加入全部食材,大火煮30分鐘後轉小火煮1小時。

5 最後加入少許鹽巴調味,蘋果雪梨煲豬骨就大功告成了。

澳門餐廳推薦

以下介紹的餐廳、店家用餐價錢是不含酒類以及飲料，價錢隨時會有變動，僅供參考。出發前最好先打電話詢問營業時間，以免撲空。

酒店特色餐廳與自助餐

各酒店或度假村都有各式各樣特色的餐廳，當中除了單點菜式外，還有各國不同口味的自助餐吃到飽。這邊大部分餐廳的用餐費用，約每人澳門幣250～700元。

Mezza9 Macau

▲多款熱騰騰的現做海鮮料理無限量供應

體驗「與廚共饗」自選的自助式晚餐，完全符合你需求，量身訂製的口味。尤其是多種口味的波士頓龍蝦是絕對不能錯過。

📧新濠天地君悅酒店3樓 📞(853) 8868-1920 🕐18:00～23:00 💲澳門幣819元，6～12歲小童可享半價優惠

名廚都匯 (Urban Kitchen)

▲北京全聚德烤鴨現片現吃

餐廳共分為6個不同美食專區，分別設有海鮮區、澳葡及義大利美食區、京川粵菜區、日韓美食區、甜品軟雪糕區及果汁區，讓你可以同時享受多國的美食。當中來自北京的全聚德片皮鴨更是不可以錯過的美食之一。

📧JW萬豪酒店1樓 📞(853) 8886-6228 🕐12:00～14:30，18:00～22:30 💲週一～五澳門幣638元；週六～日澳門幣688元

巴黎軒

▲餐點製作獨特而具有中國風味

位於巴黎鐵塔內的巴黎軒，連續兩年榮獲大眾點評黑珍珠餐廳指南二鑽餐廳的殊榮。在這裡不單能品嘗中國特色美食，更能盡享法式的用餐環境。

📧巴黎人巴黎鐵塔6樓 📞(853)8111-9210 🕐11:00～15:00、18:00～23:00 💲澳門幣300元起

雅舍餐廳 (The Manor)

在著名廚師Michele Dell'Aquila的帶領下,是一家以現代歐洲風味為主的餐廳,店內主打各式海鮮和肉類料理,中午時段更推出午膳套餐,讓你可以用優惠的價格品嘗到高級且優質的餐點。

✉ 瑞吉澳門瑞吉酒店一樓 ☎ (853)8113-1300 ◷ 06:30~11:00,12:00~15:00,18:00~23:00

▲ 嚴選世界各地優質海陸食材,為賓客提供精緻的用餐體驗

盛事

從早餐到晚餐,店內全日供應餐飲,澳葡菜以及葡萄牙當地美食更是不能錯過,除了室內的空間之外,餐桌更隨著餐廳入口延伸到天幕廣場,彷彿置身於歐洲露天咖啡廳。

▲ 彷彿置身於歐洲露天咖啡廳的氛圍

✉ 澳門美高梅天幕廣場 ☎ (853)8802-2372 ◷ 07:00~22:00

燊哥冰室

從早開到晚的全天候的茶餐廳,從懷舊霓虹燈牌、天花吊扇、舊式紅色皮革沙發卡座。感覺回到六、七十年代的時空。店內主打經典茶餐廳美食、扒餐、還有特色澳葡菜,讓你大快朵頤。

✉ 葡京人酒店1樓L02舖 ☎ (853)8882-6688 ◷ 07:00~00:30

經典茶餐廳美食、▶ 扒餐、特色澳葡菜

CHA BEI

CHA BEI即是茶杯。是一家全方位的咖啡，提供各種輕食、蛋糕和飲品，中午和晚上時段更有提供主食的套餐。走進餐廳，會被夢幻的裝潢吸引住，絕對是三五好友聚會的好地方。

✉ 澳門銀河1樓1047舖 ☎ (853)8883-2221 🕐 11:00～21:00

▲每個角落都非常好拍

譚卉

由粵菜大師譚國鋒帶領下的譚卉，以二十四節氣為題材，創作出順應節氣食養的料理，焗釀蟹蓋、戈渣、香蔥雞粒酥等，都是餐廳內的特色佳肴。

✉ 永利皇宮地面層 ☎ (853)8889-3663 🕐 12:00～15:00，17:30～22:50

◀焗釀蟹蓋是每桌必點的招牌菜式

御花園

靈感源自宮廷園林，藉由設計師陳幼堅之手巧妙勾勒出蘊藏在歷史中的東情西韻的風格，餐廳以中式粵菜為主，包括太史鳳凰羹、水晶虎蝦球等特色菜品，另外還有只有在這裡才吃得到的御花園版本楊枝甘露。

✉ 上葡京三樓306號 ☎ (853)8881-1380 🕐 12:00～14:30，18:30～22:00(週二休息)

▲餐廳裡有一幅35公尺長的定製菊花蘇繡

四五六上海酒菜館

澳門歷史最悠久的上海菜館就是位於葡京酒店內的四五六上海酒菜館，在這裡可以吃到道地的上海

▲慈禧太后喜愛的賽螃蟹

本幫菜以及江浙菜，有機會大家不妨來這裡品嘗一下近半世紀的風味。

✉ 葡京酒店新翼閣樓 ☎ (853)2838-8474 🕐 11:00～23:30
💲 澳門幣200～650元起

米其林星級餐廳

米其林美食指南(Michelin Guide Hong Kong Macau)由法國米其林輪胎公司於1900年創刊，一百年來是銷售量最大、收錄最齊全的全球第一流餐廳以及酒店。於2009年正式出版港澳版，雖然澳門入選的星級餐廳沒有比香港來得多，不過也從一開始的9顆星躍升到了25顆星(2023年)。

▲開業二十多年以來的老記，提供傳統粥品麵食及廣東菜式

▲O Castiço上榜必比登多年，店內只有5張餐桌，以家庭式葡國美食為主

▲蜜汁果木燒西班牙黑豚叉燒，是帝影樓的招牌菜式，半肥瘦的叉燒口感極致，搭配著純蜂蜜的佐料，更能突顯叉燒的滋味

▲招牌陳皮鴨，鴨肉已經炆到軟爛，用筷子輕輕一夾就能散開

▲永利軒的大廳，最吸睛的莫過於鑲有90,000顆施華洛世奇水晶及玻璃的飛龍

澳門米其林星級餐廳推薦

三星級 (卓越的烹飪，值得專程到訪)

名稱	地址	電話	類型	網址	預算 (MOP)
天巢法國餐廳	新葡京酒店43F	8803-7878	時尚法國菜	www.grandlisboahotels.com	888以上
8餐廳	新葡京酒店2F	8803-7788	粵菜	www.grandlisboahotels.com	500以上
譽瓏軒	新濠大道2F	8868-2822	粵菜	www.cityofdreamsmacau.com	午市套餐780以上

二星級 (烹調出色，不容錯過)

名稱	地址	電話	類型	網址	預算 (MOP)
風味居	星際酒店5F	8290-8668	川湘菜	www.starworldmacau.com	米其林套餐988以上
泓	永利澳門GF	8986-3663	日本菜	www.wynnresortsmacau.com	888以上
杜卡斯餐廳	摩珀斯酒店3F	8868-3432	時尚法國菜	www.cityofdreamsmacau.com	米其林套餐2,988以上
永利軒	永利澳門GF	8986-3663	粵菜	www.wynnresortsmacau.com	500以上

一星級 (優質烹調，不妨一試)

名稱	地址	電話	類型	網址	預算 (MOP)
麗軒	麗思卡爾頓酒店51F	8886-6712	粵菜	www.galaxymacau.com	500以上
8½ Otto e Mezzo BOMBANA	澳門銀河1F，1031	8886-2169	義大利菜	www.galaxymacau.com	1,100以上
玥龍軒	新濠影滙巨星滙2F，2111	8865-6560	粵菜	www.cityofdreamsmacau.com	午市套餐588以上
大廚	新葡京酒店3F	8803-7777	扒房*	www.grandlisboahotels.com	700以上
淮揚曉宴	倫敦人2樓，2206a及2008號	8118-8822	淮揚菜	hk.londonermacao.com	米其林套餐1,688以上
蜀道	美獅美高梅地下	8806-2358	川菜	www.mgm.mo	米其林套餐1,280以上
帝影樓	新濠鋒11F	2886-8868	粵菜	www.altiramacau.com	米其林套餐1,238以上
紫逸軒	四季酒店大堂	2881-8888	粵菜	www.fourseasons.com	商務套餐588以上

必比登 (可以用低於$400享受到三道菜式美食)

名稱	地址	電話	類型	網址	預算 (MOP)
澳門旅遊學院教學餐廳	望廈山望廈迎賓館	8598-3077	澳門菜	www2.ift.edu.mo/restaurant	
祥記麵家	福隆新街68號	2857-4310	麵食		
鼎泰豐(新濠天地)	新濠天地2樓蘇濠	8868-7348	滬菜	www.cityofdreamsmacau.com	
陳勝記	路環計單奴街21號	2888-2021	粵菜		
六記粥麵	沙梨頭仁慕巷1號D	2855-9627	粥麵		
老記粥麵(筷子基)	和樂大馬路12號宏基大廈第4座H及M號舖	2856-9494	粵菜		
O Castiço	氹仔施督憲正街65號B	2857-6505	葡萄牙菜		

※此為2023年版排名。米其林美食指南每年11～12月會公布最新的排名，請以官方公布的最新資訊為準。*扒房：指吃排餐的餐廳

飲食篇

澳門人最愛麵家

麵食是澳門人平常就愛吃的食物之一，當中最常吃的莫過於就是雲吞麵、蝦籽麵、牛腩麵等，如果你想每樣都品嘗，不妨可以吃看看全餐麵。費用大約每人澳門幣25～35元。

黃枝記粥麵專家

總店位於十月初五街的黃枝記，首推鮮蝦雲吞麵，用蝦殼以及大地魚熬成的高湯，湯頭香中帶甘，而銀絲細麵，爽口彈牙，蝦仁、蝦卵以及豬肉的味道搭配得剛剛好，好吃到一口接著一口。

▲超過半世紀的黃枝記雲吞麵，魅力不減

總店 ✉ 十月初五街51號 ☎ (853) 2892-2271 ⏱ 15:00～01:30，無指定日期公休／**分店** ✉ 議事亭前地17號(仁慈堂右前方) ☎ (853) 2833-1313 ⏱ 08:00～00:00

釗記美食

顧客主要是以學生以及附近的上班族為主，而這裡的全餐麵通常2個小時左右，食材就會陸陸續續的賣完了。而什麼叫作全餐麵呢？其實就是綜合的意思啦！裡頭多達十種以上的配料，讓你一口氣嘗試到各種不一樣的滋味，而人氣麵食首推自製豆板醬(即豆瓣醬)的辣撈麵(不辣是沙嗲口味)。

✉ 荷蘭園雀仔園街市周邊 ⏱ 11:00～16:00

咖哩文麵食

當中必點就是限量「辣崩沙腩」，你可以選擇麵食、河粉或單點，而究竟什麼叫「崩沙腩」呢？就是肉兩旁筋膜的部位，即所謂「牛腩的邊皮」，台灣的「肝連」其實就是所謂的崩沙。肉質軟中帶有彈性，是牛腩之中最好吃的部位，而且牛味不會很重，非常適合用來做咖哩。而湯底的部分都是採用牛骨熬煮而成，鮮甜美味。

總店 ✉ 俾利喇街3號C ☎ (853) 2830-6568 ⏱ 15:00～18:00，無指定日期公休

▲咖哩文的崩沙是牛腩最好吃的部位

百福小廚

「百福」二字可能會讓大家聯想到殷皇子大馬路白鴿票旁的百福，雖然是同一個集團旗下的餐廳，但筷子基店的百福小廚，不但有招牌的金魚尾雲吞，還有推出各式飯類的套餐，當中海南雞飯、潮式牛雜、南乳豬手都是熱門的菜式之一，值得一嘗。

▲雲吞外表猶如金魚，因此又稱金魚尾雲吞

✉ 筷子基林茂海邊大馬路海擎天地下E座 ☎ (853)2883-5080 ⏱ 07:30～21:30

巨記麵家

堅持每天現包的雲吞，海蝦和肉餡的比例是3比2，肉餡帶一點點香氣，調味的味道不會太濃，鮮蝦口感爽脆，再以大地魚為主的湯頭，喝起來甘甜順口，還有一點點的海鮮味。此外，還有必試的就是自製的山渣雪梨茶，裡頭還可以吃得到一整塊的雪梨，清甜好喝。

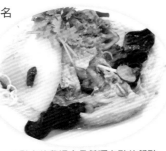

▲ 店家自製的山渣雪梨茶，清爽好喝；雲吞的湯頭以大地魚為主材料，湯頭帶點海鮮味，喝起來甘甜順口

✉ 庇山耶街22-22A地下 ☎ (853) 2892-2612 ◷ 12:00～23:00，無指定日期公休

榮暉咖啡美食

以馳名雞湯米聞名於港澳的榮暉，無論在任何時段，每桌上都會點上一碗。以紅棗、木耳熬煮的雞高湯，清甜入味，雞肉更是鮮嫩。

▲ 馳名的雞湯米是榮暉必點的餐點

總店 ✉ 十月初五街54號 ☎ (853) 2892-1205 ◷ 07:00～17:30，無指定日期公休／分店 ✉ 柯邦迪前地(司打口)21號地下 ◷ 08:00～21:00 ☎ (853)2893-0120

平價茶餐廳

奶茶、菠蘿油、豬扒包、凍檸茶、法蘭西士多，這些都是茶餐廳必吃的美食。費用約每人澳門幣35～50元。

世記咖啡

世記咖啡是一間超懷舊的路邊攤咖啡攤，其中最具特色就是瓶裝的奶茶(樽仔奶茶)，以及用炭火現烤的土司，土司半焦半軟的口感，加上半溶的奶油混合其中，實在是好吃極了。

▲ 氹仔也開設了世記的分店

賣草地店 ✉ 乾草圍15號D長信大廈地下 ☎ (853)6377-9664 ◷ 11:00～19:00／**氹仔外賣店** ✉ 氹仔舊城區消防局前地3號地下 ☎ (853)6569-1214 ◷ 07:00～18:00(週六07:00～12:00)／**氹仔堂食店** ✉ 氹仔舊城區柯打蘇沙街18號 ☎ (853)2882-8815 ◷ 11:00～19:00／**南灣店** ✉ 南灣湖景豪庭地下 ☎ (853)2871-5510 ◷ 09:00～17:30

喜蓮咖啡

如果你要在氹仔享受道地的早餐，又不想在旅遊區的話，喜蓮咖啡是你不可以錯過的茶餐廳，無論是早午晚都能在這裡解決，當中必點的是咖哩雲吞，此外店家還有提供早餐外送服務，非常適合住在路氹城的遊客，只要前一天在微信(WeChat)點餐並預約，就能送到酒店的門口了。

✉ 氹仔舊城區飛能便度街南龍花園84號地下B ☎ (853)2882-7722 ◷ 07:00～20:30(週一營業至17:00)

新鴻發咖啡美食

這裡的「豬扒包」鮮嫩多汁，肉質一點都不會柴，而且塊頭足足一個手掌大哦！還有豬仔包是自家製的，需要時才會拿到烤箱烘烤，跟別家比起來，外鬆內軟，口感不硬不柴。另外，「菠蘿油」夾著半溶的奶油，氣香味濃，同樣是不可以錯過的美食之一。而這裡的「凍奶茶」較特別的是所謂的「預調奶茶」，雖然是預先調配後，但奶香以及茶香十分足夠，味道豐富。

▲豬扒菠蘿包可享受兩種不同的滋味

總店 ✉ 賈伯樂提督街55號地下 ☎ (853) 2853-0452 ◎ 06:00～18:00，無指定日期公休／**喜野度店** ✉ 嘉野度將軍街13號 ☎ (853)2835-2996／**連勝馬路店** ✉ 連勝馬路45號地下 ☎ (853)2836-5235／**寶翠分店** ✉ 船澳街寶翠花園利明閣192號地下AA/AB ☎ (853)2845-6966

青洲灶記咖啡

留下原來青洲已拆老店使用的小矮檯及矮凳，就放在大門口而已。當然招牌餐點仍然依舊，西多淋煉奶花生醬餡、牛尾通心粉加煎蛋、炸魚蛋、灶記趣脆豬扒包以及趣脆咖哩辣魚包。

▲牛尾通心粉是灶記的人氣餐點

總店 ✉ 筷子基宏建大廈第八座地下 ☎ (853) 2895-1316 ◎ 05:30～22:30，無指定日期公休／**氹仔店** ✉ 氹仔南京街花城(利豐大廈)地下 ☎ (853)2857-6128 ◎ 11:00～21:00／**皇朝店** ✉ 巴黎街富達花園地舖G ☎ (853)2876-3061 ◎ 09:00～19:00／**大興街店** ✉ 大興街75號 ☎ (853)2856-8721 ◎ 10:00～20:00

南屏雅敘

1966年開業的南屏雅敘，是澳門第一間有冷氣的茶餐廳。店內提供各式各樣的蛋糕、西餅、麵包等，當中最受歡迎的早餐是生牛肉麥皮，牛肉鮮嫩滑口，加上鹹味的麥皮，讓你嘗試到在台灣吃不到的口味，另外，南屏出前一丁更是這裡另一招牌，食材非常豐富，包括叉燒、煎蛋、火腿、蔬菜，料多實在。

✉ 十月初五街85-85號A ☎ (853) 2892-2267 ◎ 06:30～18:30，無指定日期公休

路環漢記

澳門最好喝的咖啡，莫過於就是路環漢記，老闆堅持每杯用人手打出來的手打咖啡，香滑濃郁，另外這裡豬扒公仔麵及柴火烤的豬扒包也是必點的餐點，如果有機會來到路環市區這裡，絕對不能錯過。

✉ 路環荔枝碗馬路 ☎ (853)2888-2310 ◎ 08:00～18:00(週三公休)

▲每杯都是用400下手打出來的咖啡，香濃順口

粥店

無論在早上或晚上，粥品依然是澳門人的最愛，尤其澳門獨有的水蟹粥，是絕不能錯過的美食。費用每人約澳門幣30～80元。

一哥美食

一哥美食無論在晚餐或宵夜時段總是人山人海，是北區人氣最旺的食肆之一，光粥品種類就多達30款，當中還有唯一只有澳門才有的水蟹粥，拉腸粉也是必點的餐點，此外，還有多款現炒可以選擇。

✉ 祐漢黑沙環第七街8號C-D舖 ☎ (853) 2841-3336 🕐 19:00～03:30，無指定日期公休

▲一哥美食是北區人氣的深夜食堂

▲水蟹粥是澳門獨有的粥品

錦繡粥品

由豬大骨、魚肉、干貝等熬煮的粥底，加入各種元素的廣東粥，首推皮蛋瘦肉粥以及水蟹粥，鮮嫩肉片嫩度嫩到不講根本不知道是豬肉片，搭配糖心皮蛋，味道再好吃不過了。而只有澳門才吃得到的水蟹粥，用整隻螃蟹熬煮出整碗粥，充滿濃濃的螃蟹鮮味，真的是令人回味無窮。

▲錦繡粥品每天晚上的客人都絡繹不絕

✉ 黑沙環馬場海邊馬路28號(錦繡商場)／黑沙環第七街萬利樓28號 ☎ (853) 2831-6090 🕐 19:00～04:00，無指定日期公休

無名生滾粥

中區早餐的最佳選擇，雖然這裡只有賣粥，但已經可以賣到赫赫有名，光粥品就多達20種，其中牛肉豬潤粥是人氣粥品。如果吃得不夠飽的話，也可以到隔壁攤位外帶腸粉、燒賣以及蘿蔔糕。

✉ 草堆街16號(女蝸廟前) 🕐 06:30～12:30(賣完提早收攤)

▲這家沒招牌、沒店名的粥品店，牛肉豬潤粥是人氣粥品

成記粥品

當中推薦及第肉丸粥，材料相當的豐富，裡面有肉丸、豬肝以及大腸，熬了3個小時的粥底，煮到已經看不到米粒，味道極之鮮甜。

為人幽默的老闆龍哥，很愛邊準▶
備食材時，一邊講話一邊唱歌

✉ 營地大街吳家圍內 ☎ (853) 6660-1295 ⏰ 07:30～14:00，無指定日期公休

勤記甜品＆權記骨粥

勤記甜品裡頭有各式各樣的熱甜湯，包括紅豆沙、綠豆湯、芝麻糊、湯丸等，應有盡有。而在勤記甜品旁的權記骨粥，顧名思義，這家招牌可是有名的豬骨粥，不過除了豬骨粥之外，還有炒麵、燒賣、腸粉以及肉粽。其中招牌瑤柱豬骨粥，用貝柱、雞骨以及蠔(乾貨)熬煮而成的粥底，材料一點都不馬虎，豬骨粥散發出的香氣，味道相當的濃郁，實在好吃。

✉ 沙梨頭海邊街10號(十月初五街與沙梨頭海邊街交界處) ⏰ 15:00～01:00，無指定日期公休

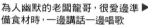

特色餐廳、熱炒店

澳門有非常多、非常特別的餐廳，除了熱炒外、還有火鍋、燒烤、葡萄牙菜等，選擇多不勝數。費用每人約澳門幣100～300元。

▲ 紅燒乳鴿是熱炒店必點的菜式之一

南記煲仔飯

南記煲仔飯隱身在草堆街的巷弄裡頭，店內煲仔飯款式多達20種以上，當然還有一些在台灣連聽都沒有聽過的菜式。另外，大家必點的湯品是一鍋名為魚雲豆腐湯的湯品，乳白色湯頭中，材料相當的豐富，鮮爽的口感，絕對值得一試。

南記是道地煲仔飯的▶
名店之一

✉ 草堆橫街6號地下 ☎ (853) 2892-3722 ⏰ 18:00～00:00，無指定日期公休

權昌新順發火鍋飯店

每當晚餐時段總是座無虛席，店內必點的就是各式各樣的火鍋，當中翅湯雞腿骨煲、泰式海鮮大聯盟、冰鎮豬手更是必點的菜式之一，而且每道的分量都超級多。另外，除了火鍋外，店內還有提供各類現炒及炸物。

✉ 美副將大馬路41A&C ☎ (853)2855-1117 ⏰ 18:00～04:00，無指定日期公休

靈記飯店

如果在議事亭前地附近想吃燒臘，又不想去都是遊客的食肆，位於營地大街的靈記飯店是你最好的選擇！這裡幾乎都是以街坊鄰里外帶居多，不過店內也有內用的座位。油雞、燒鴨、叉燒、燒鵝、乳豬、燒肉應有盡有，價格也是相當親民，除了吃燒臘飯之外，記得要配上一碗例湯，這才是道地的吃法。

▲ 燒鵝腿和油雞腿雙拼，讓你可以同品嘗到兩種不同的口味

✉ 營地大街139號地下 ☎ (853) 2851-5437 🕐 10:00～21:30

贏到粥

贏到粥是一家順德菜館，不訂位絕對吃不到，其中招牌菜是卜蜆、大盤魚、火焰鵝以及冬瓜粥底，尤其

▲ 要來這邊用餐，必須要1個月前訂位才會訂得到

是這個冬瓜粥底，是以一個切開的冬瓜隔水加熱作為容器，裡頭是高湯熬煮的粥底，再加入單點的雞肉、蝦滑、豬肉滑、魚片等配料，最後粥底吸滿所有食材的精華，鮮甜無比。

✉ 媽閣河邊新街豐順新邨第三座地下M,K舖 ☎ (853) 2896-7899 🕐 18:00～02:00

德記美食

非旅遊區的新橋區內，有非常多的美食，而說到人氣火鍋，莫過於就是德記美食，每到晚餐高峰時段，每每是一位難求。當中招牌胡椒雞腳骨煲，胡椒的香氣直撲鼻但不嗆辣，加上豬骨的濃郁湯頭，讓你回味無窮。

▲ 這裡各式各樣的活蝦、活魚、鮮牛肉、現打肉丸是必點的火鍋配料

✉ 罅些喇提督大馬路35B號 ☎ (853) 2825-8521 🕐 17:00～04:00

芬記燒臘

每天不到3個小時就賣完的燒臘店，而且排隊至少要半個小時以上才吃得到，當中必點的是比三色反，不單份量超多，油雞肉質滑嫩，半肥瘦叉燒的香氣在口中徘徊著，讓人久久不能忘懷。

✉ 澳門纜廠巷6號 🕐 11:00～13:00
(週六、日公休)

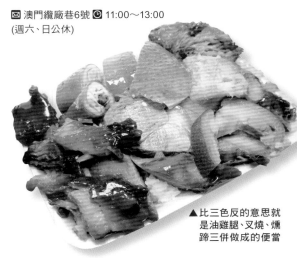

▲ 比三色反的意思就是油雞腿、叉燒、燻蹄三併做成的便當

表嫂美食

位於下環街市附近的表嫂美食，著名的有海鮮大盤魚、大盤雞、酸菜魚、胡椒雞腳骨煲，當中大盤雞，裡頭

▲超多食材的大盤雞，相當豐盛

就有2隻雞，12隻鮑魚，18隻蝦，6隻蟹，2斤白蜆，薯仔，洋蔥，大白菜等食材，怪不得能征服非常多人的味蕾。另外，中午還有推出個人的午飯套餐，售價從澳門幣40元起，相當的超值划算。

✉ 河邊新街鹽里興業大廈地點A ☎ (853)6527-3599 🕐 07:00～22:30

安東里奧餐廳

主廚Antonio不單有出現在韓劇中，而且本身就大有來頭，曾榮獲法國廚師大獎，被各國雜誌爭相報導。而這家店是Antonio在2003年買下後開設的餐廳，獨愛澳門的Antonio不單喜愛澳門，而且也很喜歡料理，其中，以雞蛋布甸(雞蛋布丁)及葡式生火腿是這裡的招牌之一，而韓劇中主角品嘗的就是

▲安東里奧餐廳曾是韓劇的拍攝場景

葡式牛扒跟火腿雞蛋薯片及葡式陶盤葡國臘腸，每道料理都各有特色，不妨可以來這裡試看看。

✉ 氹仔舊城區客商街3號地下 ☎(853)2899-9998 🕐12:00～17:00，18:00～23:30

茶樓、酒樓

飲茶是港澳人假日家人聚會的場所，適合多人用餐，每人約澳門幣100～300元，點心、腸粉、炒飯、炒麵是你不可錯過的美食。

阿一鮑魚酒樓

位於財神酒店7樓的阿一鮑魚酒樓，除了來這裡品嘗鮑魚外，也可以全家來飲個茶、吃個點心，這裡的阿一蝦餃皇、馳名鮑汁鳳爪、阿一脆皮一品腸粉、至尊帶子燒賣皇等等，都是必點的點心之一。

▲至尊帶子燒賣皇上面有蝦卵還有干貝，鮮味十足

✉ 財神酒店7樓 ☎ (853) 2878-0807 🕐 08:00～15:30，17:30～00:00

羽軒

筷子基的超人氣茶樓，有別於其他的茶樓，這裡點心的塊頭都非常地大，但價格並沒有比其他茶樓來得貴。這裡不單點心好吃，燒臘、炒飯等也是必點的菜式。此外，每週二更有推出用滿額加購指定點心或油雞等活動。

✉ 海灣南街168號信和廣場地下和1樓P座 ☎ (853)2886-1168 🕐 09:00～15:00、17:30～23:00，無指定日期公

龍華茶樓

於1962年開業的龍華酒樓，是澳門僅存的古老懷舊茶樓之一。其實這裡不單只作為電影拍攝場景，就連明

▲ 充滿懷舊風情的龍華茶樓，常被選為電影的拍攝場景

星也會來這裡感受懷舊的氣氛，周潤發、黃霑、蔡瀾、韜韜等都曾經是這裡的座上賓。

這裡最特別的是「點心同價」，就是並沒有分所謂大中小點，雖然個人茶資比起其他地方來得貴一些，不過所謂一分錢一分貨，這裡的普洱茶等級可是與眾不同。

✉ 罅些喇提督市北街3號(紅街市旁) ☎ (853) 2857-4456 ◷ 06:00～14:00，無指定日期公休

頂好海鮮火鍋飯店

如果想在南灣附近飲茶吃點心，頂好是一個不錯的選擇，午市提供各式各樣的點心、熱炒、飯麵等餐點，如果不喜歡吃點心，這裡還有各式各樣的活海鮮料理以及火鍋，此外更有提供宵夜場次，

▲ 不但可品嘗海鮮火鍋，中午時段更可以在這裡飲茶吃點心

讓你無論在哪個時間都可以來大塊朵頤。

✉ 南灣大馬路33號金輝大廈地下 ☎ (853) 2883-3118 ◷ 08:00～03:00，無指定日期公休

甜品、小吃

飯後甜點以及下午的小吃，是澳門人不可或缺的美食，澳門有各式各樣的中西式甜品及小吃，等著你來品嘗。費用約每人澳門幣6～20元。

義順鮮奶

最有名的就是「雙皮燉奶」以及「薑汁撞奶」，另外，把蓮子或紅豆跟雙皮奶搭配，

口感上完完全全的Match，尤其已經軟透的紅豆，跟雙皮奶搭配得唯妙唯肖。其實雙皮燉奶製作過程相當的複雜，首先把牛奶煮過，等上層凝固後取出，再把牛奶加入蛋白及糖隔水蒸過，然後鋪上奶皮，才能成為大家看到的雙皮燉奶了。

✉ 亞美打利庇盧大馬路381號 ☎ (853)2858-3384

榮記荳腐麵食

1956年從路邊攤開始做起的榮記荳腐麵食，店內以豆腐花為主，其中手工做的豆腐花，口感滑順，甜度剛剛好。而凍荳奶的味道比較沒有那麼甜，適合不愛重口味的人來品嘗。此外店內也有提供非常特別的荳腐麵，味道相當特別。

✉ 果欄街47號地下 ☎ (853) 2892-1152 ◷ 07:30～18:30，無指定日期公休

登記燒味

攤內賣著各式各樣的燒臘，油雞、叉燒、燒鴨、燒鵝、乳鴿、脆皮燒肉、乳豬，應有盡有，價格便宜到你不敢相信，建議可以都買小量多樣，這樣就能品嘗到各種不同口味的食材。

✉ 義字街、道咩卑利士街口 ⏰ 時間：15:00～19:00

澤賢記

開業於1944年的澤賢記，是澳門第一家雞蛋仔(蛋球仔)的路邊攤，店內最暢銷的是「狂野芝士蛋球仔」以及「特濃半流心朱古力蛋球仔」，另外還有新研發的鹹蛋黃及紫薯口味可供選擇。

▲ 狂野芝士蛋球仔，鹹香的滋味，味道十分特別

✉ 總店：渡船街61號；分店：寰宇天下店、天神巷分店、花城分店、美景分店、百老匯分店、科大分店 ☎ (853)6811-1317

明記牛雜

新馬路超人氣路邊攤，營業時間總是大排長龍，老滷的牛雜，香氣撲鼻，每塊牛雜都滷得非常的入味不死鹹。如果你覺得本店排隊要排很久，在內港區蓬萊新街也有一間分店，排隊的人相對比較少，價格也比較便宜。

✉ 爐石塘街巷(新馬路口、德成按對面) ⏰ 時間：15:30～23:00

莫義記

有八十多年歷史的莫義記，是以榴槤雪糕及大菜糕為主，榴槤雪糕的陣陣榴槤香，味道往空氣飄送，實在是有夠香，而且口感十分滑溜，好吃到不行。

▲ 來到澳門，必來品嘗著名的榴槤雪糕與大菜糕

✉ 氹仔官也街9號A ☎ (853) 2882-5440 ⏰ 10:30～21:00，無指定日期公休

台山豆花小食

短短4個小時就賣完的人氣豆花店，而且地點非常的隱密。店內以木桶的傳統豆花為主，這裡只賣豆花以及豆漿，從晚上9點開始開賣，只賣到凌晨1點而已。

✉ 台山新城市第三街 ⏰ 21:00～01:00，週日公休

馮記三盞燈豬腳薑

其實豬腳薑是廣東人的月子餐，因受大眾喜愛，所以慢慢變成道地的小吃。而開業近30年的馮記豬腳薑，是澳門排隊的美食之一，濃濃薑香和滷汁香，光聞到就讓你口水都流下來，而滷鍋中除了豬腳和薑外，還有豬腸、豬耳朵、豬皮、豬肚等可供選擇。

✉ 飛能便度街第一檔 ☎ (853)6686-8695 ◷ 09:30～18:00，無指定日期公休

檸檬車露(Lemoncello Gelato)

想品嘗一下義大利國寶級的冰淇淋，來檸檬車露絕對沒錯了。「Cello」是指大提琴，代表著用鮮果能奏出美妙的樂章，裡

▲ 冰淇淋以天然的食材製成，低糖低脂，必試招牌檸檬車露

頭多達二十多種的冰淇淋，而且水果冰淇淋都是用新鮮水果製造而成，另外，還有薑味、養樂多等另類口味，看看大家有沒有這個勇氣來嘗試。

分店1 ✉ 氹仔地堡街115號J舖 ☎ (853)2858-3396 ◷ 平日12:00～22:00，週五～日12:00～23:00／分店2 ✉ 賣草地街7-B ☎ (853)2858-3396 ◷ 10:30～22:30

威記牛什小食

很多人會問澳門當地人都去哪吃牛雜，答案就在這裡！威記前身是噴水池的牛雜檔，開業已經近半世紀，這裡的牛雜以及其他配料，種類非常的多，重點是價格是旅遊區牛雜檔的便宜三分之一以上。

✉ 鏡湖馬路99A號建興大廈地下 ☎ (853) 2826-7167 ◷ 17:30～04:00

大聲公涼茶

大聲公涼茶可以算是歷史悠久，這是清朝就開立的老店，到現在為止已經超過200年的歷史了。而是由第三代傳人吳鏡發先生在經營，其中廿四味涼茶以及菊花茶最深受大家喜愛。

✉ 大三巴街 ◷ 09:00～21:30，無指定日期公休

▲ 炎炎夏日來杯大聲公涼茶，暑氣全消

安德魯花園咖啡店

葡式蛋撻是澳門美食的代表作，總店就位於路環市區內，但因來買蛋撻的人潮太多，所以分別在附近開設了可以用餐的咖啡店，更在威尼斯人以及官也街中開設分店，方便沒有多餘時間來路環本店品嘗正宗葡式蛋撻的遊客。

總店 ✉ 路環戴紳禮街1號地下 ◷ 07:00～22:00，無指定日期公休／分店1 ✉ 路環屠場前地21C康靈閣地下 ◷ 週一09:00～17:00，週二～日09:00～22:00／分店2 ✉ 路環市區屠場前地9號地下 ◷ 09:00～18:00，無指定日期公休

▲ 在咖啡店裡，一邊吹冷氣，一邊品嘗美味蛋撻

康公夜市

澳門首個流動式假日夜市,雖然只有短短的150公尺,但裡頭集合了手工藝品、文藝表演、遊戲,以及特色美食,當中人氣最夯的莫過於龍蝦料理及澳門的燒烤,另外還有各式各樣的甜品與甜點。

✉ 十月初五街(新馬路交叉口至康公廟前地) ⏰ 週六、日18:00～22:00

▲ 澳門首個流動式的美食夜市

熟食中心

澳門大部分街市的樓上,都有開設熟食中心,聚集眾多小攤販,攤位都是原先在街市周邊的攤販。

下環街市熟食中心

下環街市熟食中心可算是澳門人的飯堂之一,其中有非常多的人氣美食,甚至有些店中午之前就售罄打烊了。當中必推招記美食的車仔麵、泉記的奶茶和咖啡、寬記的豆花和豆漿、明記美食的雞蛋仔、牛雜佬美食的牛雜粥粉麵以及梁基食店的叉燒麵等,都是不能錯過的美食呀!

✉ 下環街市市政綜合大樓2樓 ☎ (853) 2833-7676 ⏰ 07:00～20:00,無指定日期公休

沙梨頭街市熟食中心

講到買便宜的活跳海鮮,一定會想到俗稱水上街市的沙梨頭街市,那如果想現買現煮代客料理的話,沙梨頭街市市政綜合大樓2樓就有兩家食肆,提供代客料理的服務,當中的中國名粥更是客似雲來,人氣水蟹粥更必須要事先預訂,否則一下子就會全部售罄。

✉ 沙梨頭街市市政綜合大樓2樓 ☎ (853) 6638-8569(中國名粥) ⏰ 07:00～19:00

營地街市熟食中心

營地街市市政綜合大樓3樓的熟食中心,熟食攤位多達十多間,其中最有名的就是勝記咖啡,超過50年歷史的老店,採用的是煲中藥的瓦煲,這樣才會把茶或咖啡的味道逼出來,再利用細網過濾出所有的雜渣,當中又以奶茶最受客人喜愛。「平記煲仔飯」的黃鱔都是當天現殺,新鮮與肥美程度達百分百。

✉ 營地街市市政綜合大樓3樓 ☎ (853) 2833-7676 ⏰ 07:30～20:00,無指定日期公休

祐漢街市熟食中心

熟食中心內各式各樣吃的東西非常的多，例如：以沙嗲醬料理以及麵食食為主的「沙嗲仔」，以現炒類以及飯食為主「雄記美食」，如果不喜歡吃麵食或現炒的話，也可以品嘗這裡的「成記」及「文記」粥品。吃完想吃甜點嗎？「美味寶小食」的甜湯以及冷飲品是不可以錯過的，而且在這裡還可以吃得到「楊枝金露」哦！

✉ 祐漢街市市政綜合大樓2樓 ☎ (853) 2833-7676 🕐 07:00～21:00，無指定日期公休

素食餐廳推薦

近年來澳門吃素的人越來越多，部分餐廳也有提供素食餐點，「澳門素食文化協會」是澳門首個非營利社團，主要是推廣素食文化、普及素食知識及資訊、為公眾提供素食交流平台、網站裡頭提供澳門素食地圖以供查詢。

http www.acvmacau.org

威尼斯人美食廣場

在美食廣場中，有多間食肆菜單中，裡頭都有提供素食的餐點。

▲ 威尼斯人美食廣場中，多間店家都有提供素食的餐點

✉ 威尼斯人購物中心3樓 ☎ (853)2882-8833 🕐 日～四10:00～23:00，週五～六10:00～00:00，無指定日期公休

菩提禪院

本身是佛門聖地，禪院內設有齋堂，是信眾吃齋用膳的好去處。

✉ 氹仔盧廉若馬路5號 ☎ (853) 2881-1038 🕐 11:00～16:00

鳳城軒

提供各類型素食熱炒、麵食等餐點。

✉ 大炮台街2D號地下 ☎ (853)2836-2334 🕐 11:00～22:00

The Blissful Carrot

有各式各樣西式素食餐點，服務不錯。

✉ 氹仔施督憲正街79A高輝閣地下B ☎ (853)6298-8433 🕐 週一～五10:00～19:00；週六～日12:00～20:00；週三公休

紫來坊素食料理

提供多種素食私房菜、中西式餐點及麵食，甚至連素的雲吞麵都有哦！

✉ 河邊新街286號 ☎ (853) 2833-1811 🕐 10:00～22:00，無指定日期公休

飲食篇

傳統市場及超市

傳統市場

澳門每一區都有一個傳統市場(街市)，裡頭販售各種肉類、海鮮、蔬果等產品，售價並不會太貴，而且也有議價的空間，不過依然多問、多參考，貨比三家是必要的撇步。

▲ 澳門的傳統市場跟台灣的有點像，也可買到各類蔬果、魚、肉

▲ 每個住宅區都有各大超市的據點

▲ 超級市場有很多只有港澳才有的泡麵和飲料

超市

澳門有相當多的大型超市，價格也相當合理，因此澳門人習慣去超市買乾糧、飲料、泡麵等日常用品。在澳門較知名的超市如：新苗、來來、百佳等，據點也相當的多。

葡萄牙特色汽水 ▶

澳門超市資訊這裡查

http 凱恩的澳門超市詳細介紹：www.kahnmacau.com/supermarket.html

http 百佳：www.pns.hk

http 來來：www.royalsupermarket.com.mo

http 新苗：www.sanmiu.com

http 新花城：www.tikbee.com

http 泰豐：www.taifungmacau.com

http 新八佰伴：www.newyaohan.com

購物篇
Shopping

來澳門買什麼最有紀念價值、最適合當伴手禮？

雖然澳門不是以購物為主，但仍有許許多多好逛的Shopping去處。特色紀念品、知名伴手禮要去哪裡買？有哪些不能錯過的道地小物？有哪些注意事項？由澳門仔凱恩的實地探訪，帶我們一探究竟！

購物須知

退稅

澳門境內消費性產品本身都是免稅，所以不會有退稅的問題，只有在餐廳用餐有 10% 的服務費產生，因此就算是非購物節活動期間，商品都會比台灣來得便宜。

折扣季

每年的 12 月都會舉行為期近一個月的「澳門購物節」活動，從酒店到板樟堂前地的店家，都有優惠的價格以及折扣，甚至有些店家還到低至 1 折的優惠。此外，活動期間只要憑任何消費單據（單張或 3 張單據內）滿澳門幣 500 元，即可前往指定地點的服務櫃檯參加抽獎。

▲ 大三巴街可是全澳門人潮最多的手信街

誠信店

為彰顯「誠信為本」的經營之道，自 2001 年起，澳門消費者委員會為澳門各行各業增設「誠信店」的制度。加盟店家只要在過去一年未有錄得不良記錄、

遵守法律及行規（若有），並通過評核，將頒發年度「誠信店」標誌，提高消費者對店家的辨識度。

誠信店這裡查

澳門特別行政區消費者委員會

🌐 www.consumer.gov.mo

ℹ️ APP下載：進入上述網址的首頁後→物價調查／格價→手機應用程式下載→誠信店

付款方式

在澳門，澳門幣是主要流動的貨幣，但港幣亦能流通，但匯差會以 1:1 計算，不過要注意的是避免使用港幣千元大鈔以及 10 元硬幣，因為大部分店家都會拒收（假鈔太多）。另外，超級市場、酒店、購物中心都接受信用卡付款，不過要注意台灣的信用卡在澳門刷卡消費，信用卡銀行會收取海外刷卡 1.5% 的手續費。

商店種類

國際精品旗艦商場

坐落在Nape 海濱區的壹號廣場，是澳門唯一的精品旗艦商場，

▲壹號廣場匯集了許多世界名牌精品

而且也是亞洲最大的旗艦店商場，裡頭擁有超過50 種以上的世界名牌精品匯集於此，而且部分品牌是全澳唯一的駐點，成為澳門新時尚地標，提供不少消費以及娛樂的好去處。

http www.onecentralmall.com.mo

名店街&購物中心(酒店)

無論在澳門半島還是在路氹城的酒店，都設有非常多的名店街或購物中心，其中以威尼斯人大運河購物中心最為著名。

此外，非常有特色的專賣店也分別設立在這些名店街中，例如：亞洲首間 Rolex 專賣店、設有VIP 貴賓室的 Dior，以及全亞洲只有兩間的 Ferrari Store，就開設在永利澳門名店街這裡。而銀河購物大道就開設了創始於 1833 年的瑞士頂級鐘錶品牌積家、著名瑞士腕錶及珠寶品牌伯爵澳門首間的專賣店。Leica 的專賣店就設立在新濠大道。另外，義大利知名品牌 ANTONIA 首次在海外開店，選的就在澳門巴黎人購物中心中。

1. 亞太區 Antonia 首間旗艦店，就坐落於澳門巴黎人中／2. 澳門每間知名酒店內，都設有非常多的精品店鋪／3. 占地約35,000 平方呎的 Kid's Cavern，是澳門最大型的兒童玩具王國

百貨公司、購物中心

新八佰伴

新八佰伴是澳門唯一的大型百貨公司，化妝品、男女時裝、皮鞋、手袋、童裝、家庭用品、電器、美食廣場以及超級市場等等，應有盡有。除此之外，新八佰伴不單在百貨公司內經營，還在澳門威尼斯人、壹號湖畔及四季酒店等共經營7個不同品牌的零售店，包括KENZO、LACOSTE、Diesel、Levi's、Paul and Shark等。

▲ 位於南灣的新八佰伴是澳門唯一的百貨公司

✉ 蘇亞利斯博士大馬路90號 ➡ 搭乘巴士到「M261約翰四世大馬路／馬統領街」、「M187區華利前地」或「M179巴掌圍」下車後，皆步行約5分鐘即達 🕒 10:30～22:00 🔗 www.newyaohan.com

星皓廣場 NOVA Mall

位於氹仔中央公園的星皓廣場，商場面積超過65萬平方公尺，裡頭網羅逾百個精選的國際及本地品牌商戶，此外還有多間人氣的餐廳以及澳門首間TASTE精品超市。

✉ 氹仔廣東大馬路515號 ➡ 搭搭乘巴士到「T353廣東大馬路／濠尚」或「T352廣東大馬路／濠景」下車即達 🕒 10:00～22:00 🔗 www.nova.mo

老佛爺百貨
Galeries Lafayette Macau

百貨面積達3.5萬平方公尺，是港澳地區首間老佛爺百貨，裡頭除了大家熟悉的品牌外，還包括10個首次登陸澳門的輕奢品牌、期間限定店、快閃生活概念店、開放式跨品牌區域EDIT by Galeries Lafayette等，想嘗鮮的不妨去逛一逛。

✉ 金銀島名勝世界購物廣場L層L001 ➡ 搭搭乘巴士到「M172亞馬喇前地」下車即達 🕒 週日～四 10:30～22:00，週五～六、公眾假期 10:30～23:00

▲ 澳門的老佛爺百貨有超過100間個國際知名及設計師品牌（圖片提供／老佛爺百貨）

回力時尚坊 JA Avenue

回力時尚坊提供超過60個國外著名的化妝品及香水品牌，其中不少更是首次登陸澳門，而且翻新後的回力大樓將會增加一個集合娛樂場、酒店、餐飲、美妝及藝術創意空間的大型購物休閒中心。

✉ 海港街161號 ➡ 搭乘巴士到「M242友誼馬路／海港街」或「M62回力」下車即達 🕒 10:30～22:00

▼ 眾多知名美妝品都可以在回力時尚坊買到

旅遊紀念品商店

在澳門各個旅遊區，都會有官方或者民間的旅遊紀念品商店，例如：亞婆井前地、官也街、大關斜巷、大三巴街、博物館等，在裡頭不單可以購買到充滿澳門特色的紀念品外，還可以買到一些澳門限定的紀念品。

➡ 大關斜巷東仙閣地下 ⏰ 10:00 ～ 18:00

▲ 葡國街裡不但有各式各樣的紀念品，而且還有澳門少見的手工繪製葡萄牙花公雞

IPOR書局

如果想買葡萄牙語的書籍，IPOR 是你最好的選擇，它可是全澳門最整全、數量最多的葡萄牙語書籍的書局，你要找的書，應該在這裡一定找得到。

✉ 板樟堂街 18-22 號地下 ➡ 同玫瑰堂，再往白馬行方向步行約 5 分鐘即達 ⏰ 10:00 ～ 19:00(週日公休)

市集、藝墟

▲ 氹仔市集是假日尋寶的好地方

每到星期日，在官也街的消防局前地會舉辦一個能在裡頭挖寶的市集，市集不單有很多手工藝品販售外，還可以在裡頭發現一些像瓷磚路牌等澳門旅遊的紀念品。此外，澳門市區中的康公廟前地、塔石廣場定期也有舉辦藝墟活動，非常多的手作及工藝創作者都會聚集於此。

⏰ 11:00 ～ 20:00

文創商店

澳門近年來興起一片文創風潮，文創商店陸續開立，當中最有名的就是俊秀里以及官也墟。

俊秀里、關前正街

俊秀里是一個以手工藝品為主的新興文創區，其中包括義大利玻璃工藝品、南非飾品、糖果店

▲ 官也街、俊秀里都有一些商店可以選購澳門獨有的紀念品

等等。而在關前正街的商店裡（如梳打埠），布滿了五、六〇年代的古早味鐵皮童玩，當中還有很多可口可樂相關的商品，如果想重溫兒童的回憶，這裡絕對值得來尋寶一番。

➡ 沿大三巴街走，Starbucks 旁的大關斜巷下樓梯走 50 公尺即達

媽閣塘區

　　前身是舊政府船塢的嘉路士一世船塢機械室和原廠長辦公室，現改建當代藝術展示和澳門本地文化創意產品銷售場地，疫情後配合活化計畫，澳門文化局與美高梅攜手合作發展文化及休閒旅遊，不定時舉辦活動。

✉ 媽閣上街海事工房 1 號及 2 號 ➡ 1. 搭乘輕軌到「媽閣廟站」，下車步行 10 分鐘即達；2. 搭乘巴士到「M3 媽閣交通樞紐」下車步行約 5 分鐘即達；3. 搭乘海上遊到「媽閣碼頭」下船後步行約 10 分鐘即達 ◷ 10:00 ～ 19:00

▲ 區內並邀請本地音樂表演者以及樂隊，於週末及公眾假期呈獻現場音樂表演（圖片提供／美高梅）

行家密技　旅行必備的澳門文創地圖

　　由澳門文化局推出《澳門文創地圖》(手機版、電腦版以及實體版)，介紹全澳近50個文創單位，以不同的堂區來帶你告訴你去哪逛、去哪買？一推出就深受居民以及遊客的喜愛，而地圖可於港澳地區近150個地點索取(包括澳門出入境口岸、博物館、酒店、旅行社及文創空間等)。還有中、葡雙語《澳門文創地圖》特別版。

　　APP提供iOS和Android系統皆可下載，有4種語言可選擇。除了有旅遊路線地圖外，還有提供文創店家的資訊。

http www.macaucci.gov.mo(選擇左欄「澳門文創地圖」)

特色商品 & 紀念品

Michael Jackson 水晶手套

如果你是 Michael
Jackson 的歌迷，
招牌的水晶手套一定是你夢寐以求
想要的禮物，在十六浦的 Michael
Jackson 禮品廊，裡頭就有販售縮小
版的水晶手套。

葡式蟲仔餅

蟲仔餅是澳門土生葡人的傳統葡式
甜點，因外形像毛蟲而得名，更曾被
列入澳門非物質文化遺產之一。

英記餅家 X Snoopy

老字號的英記餅家推出可愛的 Snoopy 系列商品，
讓你不單能品嘗道地伴手禮風味，送禮亦相當合適。

永吉檸檬

人氣商品的甘草檸檬，不單只有香港才能買得到，其實澳門也有一間，配方可是同出一轍，甚至有網友說澳門的還比較好吃。

✉ 連勝街1-D號平台左側Da舖　➡ 搭巴士到M201白鴿巢前地或M124白鴿巢總站下車，往前走過麥當勞後左上樓梯

表演周邊商品

欣賞完澳門最大型的表演後，禮品店那邊販售各式各樣與表演有關的禮品，讓你可以重溫劇中精采的每一幕。

葡式瓷磚小路牌

澳門的路牌非常有特色，全都是採用葡式藍白瓷磚的造型，當然禮品店裡也隨時都可以找到這樣的小禮物，不過要注意的是，商品品質參差不齊。

星巴克澳門隨行杯、馬克杯

不用說大家都知道，星巴克在每個國家都推出當地的隨行杯以及馬克杯，而澳門的星巴克也不例外，而且現在還推出澳門煙火的限定版馬克杯。

葡式瓷磚圖案商品

市政署最具有特色的,莫過於就是葡式瓷磚,禮品廊裡頭有著各種葡式瓷磚圖案商品可供選購。

葡國老人牌沙丁魚/吞拿魚罐頭

澳門超市必買的的沙丁魚罐頭和吞拿魚(鮪魚)罐頭,香醇的滋味,是下酒菜的最佳良伴。

熊貓館相關產品

來熊貓館,不但可以看到熊貓的可愛模樣,也可以買到澳門才有的熊貓相關產品。購買地點見P.223

紀念籌碼

澳門經濟是以博奕業為主,不單可以把真的籌碼當作紀念品,坊間也有籌碼(純紀念用)販售,同樣也是不可錯過的獨特紀念品之一。

公雞擺設

象徵著好運的葡萄牙花公雞,是葡萄牙的吉祥物,坊間販售著各種不同顏色和尺寸的公雞擺設,想為自己帶來好運嗎?公雞擺設是你一定要帶回家的紀念品。

明信片

澳門郵政推出各式各樣的明信片,當中世界遺產系列的明信卡,不論寄送全世界任何一個國家,明信片含郵資都只需澳門幣10元而已。

賽車周邊紀念品

每年11月會舉辦澳門格蘭披治大賽車比賽，在活動場地內外都有販售當屆賽車相關的限量商品，而且有很多只有當屆才有的商品哦！例如：銀聯儲值卡、限定版澳門通等。

杏仁餅、鳳凰卷

想到吃的伴手禮，無疑就是杏仁餅和鳳凰卷了，澳門多間知名的商店都有這些人氣商品，不過要注意的是肉鬆系列和肉餡是不能帶回國的哦！

澳門可口可樂曲線瓶

可口可樂為每個地方推出一系列的紀念版曲線瓶，而澳門除了之前推出的澳門版易開罐外，為紀念可口可樂進駐澳門70週年，因此推出澳門「可口可樂」七十週年紀念版。

腰果口味的曲奇你有吃過嗎？除了葡京酒店的樂宮餅店外，在澳門老字號的馬里奧餅店六大門市也可以買得到哦！

腰果口味曲奇

康萊德小熊

康萊德小熊是康萊德酒店的吉祥物，澳門康萊德酒店每年都會推出4款澳門獨有的限量版康萊德小熊(農曆新年、康萊德週年、十月粉紅革命以及聖誕節)，小熊迷可是爭相收集的哦！

核桃酥、雞仔餅、肉切餅

核桃酥、雞仔餅、肉切餅，這可是必買的手信之一，以在官也街的晃記餅家最有名！

澳門本土原創周邊商品

澳門有著多家本土原創的品牌，其中最有名的莫過於就是梳打熊貓，在旅遊塔、機場、官也墟等都有實體的店面展示，商品種類非常的多，不妨在逛景點之餘，順道去挑選看看。

蝦子麵

不單在麵家吃得到，你也可以在十月初五街的喜臨門麵家買得到，這樣就能在家品嘗到這種好滋味。

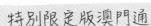

特別限定版澳門通

澳門通與大型展覽活動合作，推出一系列獨特又可愛的限量版澳門通(黃色小鴨、可口可樂、哆啦A夢、澳門世界遺產、Hello Kitty等)，是你欣賞展覽之餘，不可以錯過的紀念品哦！

咖哩膏(油)

你想回國還可以吃到香濃的咖哩嗎？恆友、咖哩榮以及大良昌記都有推出自家品牌的咖哩膏(油)，讓你回家後也能煮出咖哩口味的料理。

葡式蛋撻

葡式蛋撻不單可以現場品嘗，也能當作是伴手禮送給親朋好友(經求證海關後證實是可以帶回國的)，現在安德魯除了路環的本店外，官也街以及威尼斯人都開設了分店，讓大家選購時變得更方便。

玩樂篇
Sightseeing

來到澳門，該怎麼玩，哪裡好玩呢？

除了廣為人知的博彩，澳門因為特殊的歷史背景，使得中葡文化得以相會交融，交織出中西文化百年來最精粹的一頁。無論是在建築設計、飲食文化、風俗民情中，都可以發現澳門獨具特色的在地風情，現在就跟著本篇的介紹，一遊澳門吧！

(開版大圖提供／水舞間官方)

澳門世界遺產 匯聚中葡文化的澳門歷史城區

在2005年7月15日經過世界遴選標準,澳門歷史城區正式被列入《世界遺產名錄》,成為中國第31處「世界遺產」。

澳門歷史城區是由澳門舊城區以街道、廣場組合而成,從媽閣廟開始,沿途共有22個景點及8個前地(意指「廣場」),裡頭不單是保存了澳門四百多年中西文化結合的歷史精髓,同樣也是中國國內至今年代最遠、規模最大、保存最完整且最集中的地方。http www.wh.mo

大三巴牌坊

1602年建立,速翻:P.149

大炮台

1617年建立,速翻:P.146

伯多祿五世劇院

1860年建立,速翻:P.142

盧家大屋

1889年建立,速翻:P.154

玫瑰堂

1587年建立,速翻:P.146

東方基金會會址

1770年代建立，速翻：P.182

三街會館

1792年建立，速翻：P.145

市政署大樓

1784年建立，速翻：P.148

仁慈堂大樓

1569年建立，速翻：P.156

東望洋炮台(包括聖母雪地殿及燈塔)

1622年建立，速翻：P.187

其他世界遺產

◆ 何東圖書館：1894年建立，速翻：P.143
◆ 主教座堂：1622年建立，速翻：P.147
◆ 聖奧斯定教堂：1591年建立，速翻：P.147
◆ 哪吒廟：1888年建立，速翻：P.155
◆ 舊城牆遺址：1569年建立，速翻：P.155
◆ 媽閣廟：1488年建立，速翻：P.170
◆ 港務局大樓：1874年建立，速翻：P.171
◆ 鄭家大屋：1869年建立，速翻：P.173
◆ 聖老楞佐教堂：16世紀中葉建立，速翻：P.174
◆ 聖若瑟修院及聖堂：1728年建立，速翻：P.175
◆ 聖安多尼教堂：1558年建立，速翻：P.181
◆ 基督教墳場(包括馬禮遜教堂)：1821年建立，速翻：P.182

澳門世界遺產 歷史城區八大前地

賈梅士前地

速翻
P.135/F1

議事亭前地

速翻
P.141

崗頂前地

速翻
P.143

耶穌會紀念廣場

速翻
P.135/F2

亞婆井前地

速翻
P.172

板樟堂前地

速翻
P.135/F3

媽閣廟前地

速翻
P.170

大堂前地

速翻
P.135/G3

玩
樂
篇

澳門新八景

全球票選的澳門美景

為紀念澳門特別行政區成立20週年，中華文化交流協會為能代表澳門特區新面貌的景點，舉辦了「澳門新八景」的全球票選。

橋牽三地

當今世界規模最大、標準最高的港珠澳大橋，全長55公里，連接著澳門、香港和珠海三地。

景點：港珠澳大橋 (P.55)

福隆新貌

福隆新街兩旁兩層高青磚紅瓦頂的中式房子，是目前中國保存最完整的青樓建築群。

景點：福隆新街(P.144)

西山望洋

西望洋山，俗稱主教山，座落山頂的主教山小堂是昔日天主教澳門教區的主教府邸。

景點：西望洋山、主教山小堂(P.172)

龍爪觀濤

位於黑沙海灘西南岸的龍爪角，得名自外形奇特的「龍爪石」，石中顯現近似龍爪、龍頭、龍身、龍鱗形狀的紋理。

景點：龍爪角(P.224)

路環漁韻

歷史悠久的港口，村落文化由古形成，從北端的舊渡輪碼頭到南端的譚公廟，還保留著許多澳門代表性的建築。

景點：舊渡輪碼頭、三聖宮、譚公廟
(P.221、224)

亭前葡風

以市政署大樓、仁慈堂大樓等南歐風情建築和葡式碎石地面構成的廣場，是世界文化遺產「澳門歷史城區」的核心所在。

景點：議事亭前地(P.141)

愛巷傾情

毗鄰大三巴牌坊，葡文名稱原意為耶穌為人類救贖而犧牲的大愛與情懷，後因美麗的誤會，誤翻譯成「戀愛巷」，現在是電影的拍攝熱點。

景點：戀愛巷(P.149)

雙湖塔影

由南灣湖、西灣湖和旅遊塔組成、可遠眺主教山，是一個能擁有水、陸風光及現代建築的綜合景區。

景點：南灣湖、西灣湖、澳門旅遊塔(P.165、176)

澳門八景　澳門最具代表性的美景

在1992年，由澳門8個社團和澳門特區政府聯合發起評選，結果從43個澳門旅遊景點中共同評選的澳門8個最具代表性的景點。

三巴聖跡

中西合壁的聖保祿教堂遺跡，是非常少見的教堂設計，而且每論經過多少次狂風暴雨來襲，依然屹立不搖。

景點：大三巴牌坊(P.149)、大炮台(P.146)

燈塔松濤

松山燈塔(又稱東望洋燈塔)，是中國沿海地區最古老的燈塔。與山脊上的翠綠青松互相輝映。

景點：松山炮台、東望洋燈塔(P.187)

盧園探勝

曾是澳門三大名園之一的盧廉若公園，是融滙蘇州和南方園林於一體的庭園。

景點：盧廉若公園，簡稱盧園，別稱盧九公園(P.185)

普濟尋幽

建於明朝天啟年間，是澳門最大的禪院與最具規模的廟宇。由於《中美望廈條約》在禪院後山簽約，因而聞名。

景點：普濟禪院，俗稱觀音堂(P.193)

媽閣紫煙

建於明朝弘治年間的媽閣廟，是見證澳門開埠的廟宇，也是「澳門」葡萄牙語名稱的由來。

景點：媽閣廟(P.170)

黑沙踏浪

位於路環南端的黑沙海灘，是澳門最大天然海濱浴場，奇特的黑色細沙，是非常少見的天然現象。

景點：黑沙海灘(P.224)

龍環葡韻

龍環是氹仔的舊稱，而葡韻是指葡萄牙建築風韻，包括葡式住宅、嘉模聖母堂、公園等一帶，如詩似畫的迷人景致。

景點：十字花園、氹仔市政花園和氹仔市政圖書館、龍環葡韻住宅式博物館、嘉模聖母堂(P.195)

鏡海長虹

鏡海本是澳門的古地名之一，泛指澳門半島與氹仔島之間的海面，風平浪靜之時，海面波光如鏡。如今的鏡海架起兩座大橋，勢似長虹，橫跨鏡海，成為澳門交通大動脈。

景點：澳門友誼大橋、嘉樂庇總督大橋

中葡友好紀念物　　中國與葡萄牙間的友情

中葡友好紀念物是澳葡政府在1999年將澳門移交中國之前，在澳門各區建立的紀念物。第一座建築物是於1993年揭幕在西灣海邊的融和門，而最後一座是於1999年揭幕在皇朝區的觀音蓮花苑。

蓮花雕像

位於羅理基博士大馬路松山隧道出口處的蓮花雕像，兩邊刻有代表中葡兩國文化的圖案，中央還豎立一朵不鏽鋼製成的蓮花。**建立**：1995年

融和門

葡國雕塑藝術家拉果·亨利克所設計，包含天、地、水、力的設計，表達和平、愛心，象徵著中葡美好的友誼。
建立：1993年

東方拱門

葡國藝術家賈華洛所設計，矗立在羅理基博士大馬路何賢公園迴旋處行車隧道上，鋼鐵鑄造，象徵澳門是中葡兩國文化的交匯點，和諧統一。**建立**：1996年

男女與狗

葡國雕塑藝術家拉果·亨利克所設計，原先有2個雕塑，其中一件已被拆走，這一件是年輕中國女子將蓮花獻給葡國男子，象徵著永久和理解，也代表著中葡之間的純潔友誼。**建立**：1994年

擁抱

葡萄牙藝術家韋綺蓮設計的擁抱，坐落在白鴿巢公園內的，表現出不同的種族與宗教相互交融、和睦共處，象徵著中葡兩國人民情誼永存。**建立**：1997年

乘風展翅

澳門設計師薛傲濤設計，位於氹仔北安至澳門國際機場轉彎處，以澳門國際機場為主題，代表著「一帆風順、振翅高飛」。**建立**：1997年

東方明珠

葡國雕塑家羅若誠設計的東方明珠，位於澳門明珠圓形地，象徵兩個民族的文化在同一時空交匯以及中葡兩國人民同樣有生生不息的生命。**建立**：1997年

永遠的握手

位於關閘旁的紀念孫中山市政公園的紀念物，由雕塑家劉桂炳所設計，象徵有4百年歷史見證的中葡友好關係和澳門人民的諒解，以互相握手表示中葡友誼的延續。
建立：1997年

媽祖石雕像

位於路環疊石塘山頂，由雕刻家梁晚年設計，任用120位石雕工匠歷時8個月，並精選北京房山漢白玉雕建成，高19.99公尺，重1,000噸，是目前世界上最高的媽祖雕像。
建立：1998年

觀音蓮花苑

由設計師李潔蓮所設計，觀音像面容慈祥，散發出一股慈悲為懷的光芒。20公尺高的觀音像，面向方位是經由風水師測算後才決定，顯示觀音菩薩正翻越松山走向美副將大馬路的觀音堂。**建立**：1999年

行程規畫建議

玩樂篇

必去景點3日遊

Day 1 澳門半島
- 早上：中區(議事亭前地、大三巴牌坊等)、崗頂(何東圖書館、聖奧斯丁教堂、崗頂劇院等)
- 下午：南灣湖畔、旅遊塔
- 晚上：新口岸(永利澳門表演湖、美高梅天幕廣場、壹號廣場購物)

Day 2 氹仔市區&路氹城
- 早上：官也街、龍環葡韻等、官也街購物
- 下午：影滙之星(新濠影滙)、室內跳傘及澳門飛索(葡京人)
- 晚上：倫敦人、永利皇宮纜車及表演湖

Day 3 路環市區&路氹城
- 早上：路環市區(聖方濟各聖堂、安德魯蛋撻)
- 下午：貢多拉之旅(威尼斯人)、傳奇英雄科技城(新濠影滙)
- 晚上：機場返家

闔家歡樂親子3日遊

Day 1 澳門半島
- 早上：漁人碼頭、澳門科學館
- 下午：南灣湖畔、旅遊塔
- 晚上：新口岸(永利澳門表演湖、美高梅天幕廣場、壹號廣場購物)

Day 2 路氹城
- 早上：兒童樂園(童夢天地、Q立方王國等)
- 下午：夏天－水世界、天浪淘園(銀河)、水上樂園(新濠影滙)等；冬天－大熊貓館、大潭山滑草場
- 晚上：倫敦人、永利皇宮纜車及表演湖

Day 3 路氹城
- 早上：影滙之星(新濠影滙)、室內跳傘及澳門飛索(葡京人)
- 下午：貢多拉之旅(威尼斯人)、傳奇英雄科技城(新濠影滙)
- 晚上：機場返家

體驗在地風情4日遊

Day 1 澳門半島
- 早上：中區(議事亭前地、大三巴牌坊等)、崗頂(何東圖書館、聖奧斯丁教堂、崗頂劇院等)
- 下午：南灣湖畔、旅遊塔
- 晚上：新口岸(永利澳門表演湖、美高梅天幕廣場、壹號廣場購物)

Day 2 澳門半島
- 早上：媽閣、西灣、下環(媽閣廟、鄭家大屋等)
- 下午：荷蘭園、東望洋(瘋堂斜巷、東望洋燈塔等)
- 晚上：欣賞澳門夜景(世界遺產景點、西灣大橋、漁人碼頭等)

Day 3 氹仔市區&路氹城
- 早上：官也街、龍環葡韻等、官也街購物
- 下午：影滙之星(新濠影滙)、室內跳傘及澳門飛索(葡京人)
- 晚上：倫敦人、永利皇宮纜車及表演湖

Day 4 路環市區&路氹城
- 早上：路環市區(聖方濟各聖堂、安德魯蛋撻)
- 下午：貢多拉之旅(威尼斯人)、傳奇英雄科技城(新濠影滙)
- 晚上：機場返家

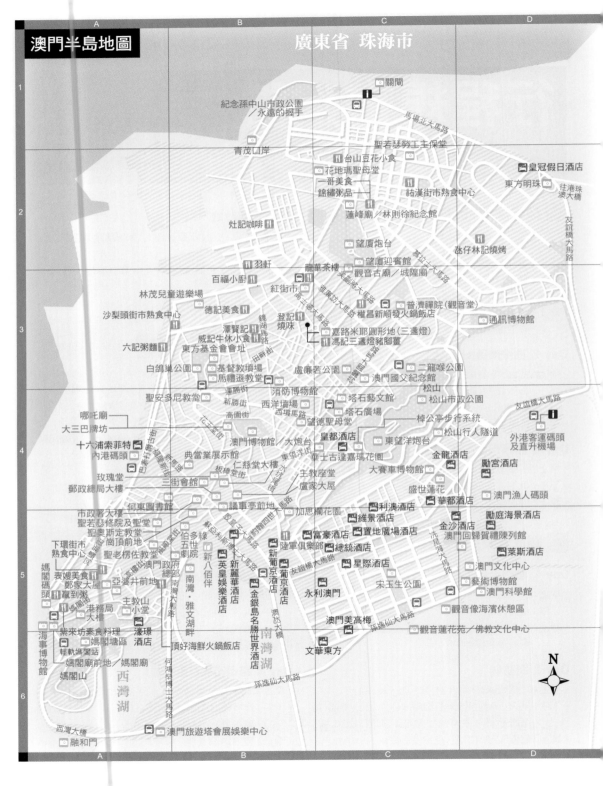

澳門半島地圖

廣東省 珠海市

關閘

紀念孫中山市政公園
／永遠的握手

青茂口岸

聖若瑟勞工主保堂

台山豆花小食
花地瑪聖母堂
一哥美食
錦繡粥品
祐漢街市熟食中心

灶記咖啡

蓮峰廟／林則徐紀念館

望廈炮台

氹仔林記燒烤

羽軒

望廈迎賓館

百福小廚

龍華茶樓

觀音古廟／城隍廟

林茂兒童遊樂場

紅街市

德記美食

普濟禪院（觀音堂）

沙梨頭街市熟食中心

澤賢記

權昌新順發火鍋飯店

通訊博物館

威記牛休小食

登記燒味

六記粥麵

東方基金會會址

嘉路米耶圓形地（三盞燈）

馮記三盞燈豬腳薑

白鴿巢公園

基督教墳場

馬禮遜教堂

盧廉若公園

二龍喉公園

澳門國父紀念館

聖安多尼教堂

消防博物館

松山

松山市政公園

塔石藝文館

塔石廣場

哪吒廟

望德聖母堂

棟公亭步行系統

大三巴牌坊

西洋墳場

松山行人隧道

外港客運碼頭
及直升機場

十六浦索菲特

澳門博物館／大炮台

皇都酒店

東望洋炮台

內港碼頭

典當業展示館

金龍酒店

勵宮酒店

玫瑰堂

仁慈堂大樓

華士古達嘉瑪花園

郵政總局大樓

三街會館

大賽車博物館

主教座堂

盛世蓮花

澳門漁人碼頭

何東圖書館

議事亭前地

盧家大屋

加思欄花園

華都酒店

利澳酒店

市政署大樓

維景酒店

勵庭海景酒店

聖若瑟修院及聖堂

置地廣場酒店

金沙酒店

聖奧斯定教堂

崗頂前地

富豪酒店

澳門回歸賀禮陳列館

下環街市
熟食中心

聖老楞佐教堂

伯多祿
五世
劇院

新八佰伴

陸軍俱樂部

總統酒店

萊斯酒店

媽閣
碼頭

裊嫂美食

亞婆井前地

新麗華酒店

新葡京酒店

葡京酒店

星際酒店

澳門文化中心

鄭家大屋

南灣‧雅文湖畔

永利澳門

宋玉生公園

藝術博物館

贏到粥

主教山
小堂

金銀島名勝世界酒店

澳門美高梅

澳門科學館

港務局
大樓

觀音像海濱休憩區

紫來坊素食料理

濠璟酒店

頂好海鮮火鍋飯店

觀音蓮花苑／佛教文化中心

海事
博物館

媽閣塘區

輕軌媽閣站

文華東方

媽閣廟前地／媽閣廟

西灣湖

媽閣山

N

西灣大橋

融和門

澳門旅遊塔會展娛樂中心

皇冠假日酒店

東方明珠

往港珠
澳大橋

友誼橋大馬路

南灣、新口岸

荷蘭園、東望洋

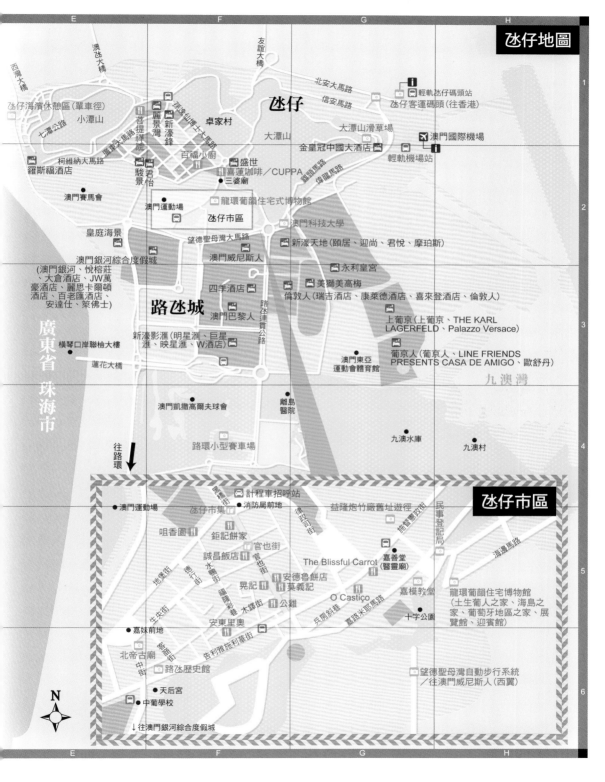

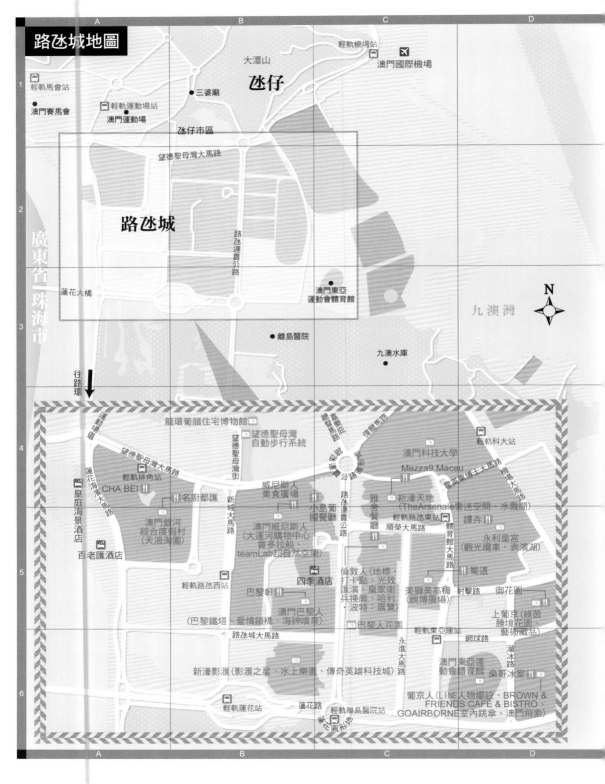

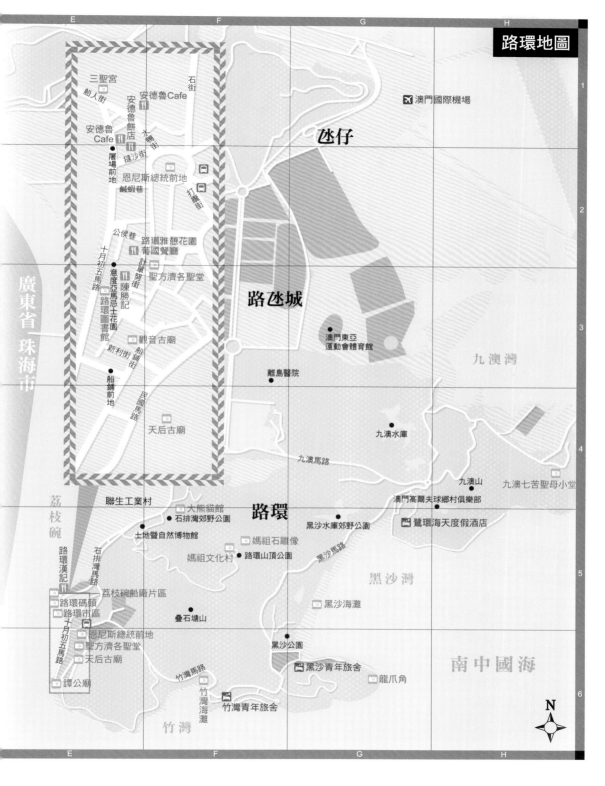

中區（議事亭前地、新馬路、崗頂）
隨處可見中西交融，現代與歷史交織的風情

　　中區最有名的地標，就是議事亭前地，而澳門人都稱這裡為噴水池，這裡不單是澳門的市中心，更是澳門世界遺產的集中地，因為光光從這廣場出發，不用10分鐘就可以到達15個世遺的景點，其中前方的新馬路，不單穿越澳門半島，更是澳門超過70%的公車會經過的道路，無論是地理位置或交通都是一個舉足輕重的地方。

澳門半島的市中心
議事亭前地

澳門世界遺產　澳門新八景

➡️ 搭乘巴士到「M134新馬路／永亨」，下車後步行約5分鐘即達；或到「M142金碧文娛中心」，下車後步行約10分鐘即達
◉ 全日開放

　　此處位於澳門市中心，充滿著濃濃的歐洲色彩。在明朝時期是政府官員宣布命令和接見葡萄牙官員的場所，後來葡萄牙人在此處興建市政廳(市政署大樓前身)，官員們都在此議政論事，因此得名「議事亭」。議事亭前地一直都是市區中心，每逢節慶都會在這裡舉辦活動。由於有一座噴水池的緣故，所以澳門居民都俗稱這裡叫作「噴水池」。而大家看到的波浪形圖案地磚，是從1993年開始鋪設出來的，從那時候開始，議事亭前地就成為一個充滿歐陸風情的行人徒步區。

貼心 小提醒

免費語音導賞

　　澳門旅遊局推出免費語音導賞，遊客只需到議事亭前地的旅遊局旅客詢問處，就可以借用語音導賞播放器，可在十多個澳門世遺景點遊覽時，免費享有多種語音(普通話、廣東話、葡萄牙語、英語、德語、日語及韓語)的導賞服務。

✉️ 議事亭前地利斯大廈地下旅遊局旅客詢問處
◉ 09:00～17:00　💲 免費(押金澳門幣200元，播放器交還時全數退回)

行家密技　俯瞰照拍攝的私房地點

　　議事亭前地是熱門的拍照景點，但拍來拍去好像都差不多，若想拍出俯瞰的角度，可以到市政署大樓的2樓，或是仁慈堂博物館的陽台，拍出來的照片就會跟別人不一樣囉！

▲議事亭前地每逢節慶都會舉辦活動

▲夜晚散步在議事亭前地也別有風情

文化、藝術、宗教交流呈現
澳門博物館

➡ 在大三巴牌坊附近，步行路過大三巴斜巷後，約2分鐘即達 ⏰ 10:00～18:00(17:30停止售票)，週一休館，澳門公眾假期照常開放 💲 成人澳門幣15元(每月15號及每年5月18日免費參觀)；5～10歲及60歲以上長者澳門幣8元；5歲以下兒童、學校和社團集體組織免費 🌐 www.macaumuseum.gov.mo

　　博物館共分3層，其中兩層位於大炮台地面之下，第三層則在大炮台上。館內主要是介紹澳門地區的起源、澳門民間藝術與傳統的展示，還有土生葡人屋內的擺設展示以及中國傳統婚嫁服飾及傢俱以及澳門當代特色，其中更有解說大三巴牌

▲ 入口的外牆是以澳門葡萄牙古建築作為設計靈感

坊(聖保祿教堂)牆身圖案的每一個含意以及過去數世紀中西兩種文化的藝術及宗教交流。

澳門唯一歐式劇院建築
伯多祿五世劇院
(崗頂劇院)

➡ 同崗頂前地 ⏰ 10:00～18:00，週二休館，澳門公眾假期照常開放 💲 免費

　　伯多祿五世劇院(俗稱崗頂劇院)，主要是紀念葡萄牙國王伯多祿五世(Pedro V)而興建的，在1860年時只有建成主體部分，至1873年才加建具新古典主義建築特色的正立面，是中國國內歷史最悠久的西洋劇院。

1.每年大型藝文活動都會在劇院上演／2.猶如穿越時空，在150年的劇院中聆聽美妙的樂章

富含人文宗教景觀
崗頂前地

澳門世界遺產

➡️ 從議事亭前地，往東方斜巷直走步行約5分鐘即達；或從龍嵩正街轉戲院斜巷走上去，步行約6分鐘即達 🕐 全日開放 💲 免費

　　古稱「磨盤山」的崗頂前地（Largo de Santo Agostinho），葡萄牙語譯為聖奧斯定前地，前地是由聖奧斯定教堂、崗頂劇院(伯多祿五世劇院)、聖若瑟修院以及何東圖書館圍繞出來的廣場，當中還有長椅以及流動咖啡屋，在假日可以休閒的來享受下午茶的時光。

▲由紅、白、黑碎石鋪成的波浪圖案路面，散發着濃郁的歐陸情調

集歷史藝術於一體之園林式建築
何東圖書館

澳門世界遺產

➡️ 同崗頂前地 🕐 週一～六10:00～19:00，週日11:00～19:00公眾假期休館 💲 免費 🌐 www.library.gov.mo ❓ 何東藏書閣內不得使用閃光燈，需預約才能參觀，詳情請見官網

　　原為香港富商何東的避暑別墅，1958年正式開放為圖書館。1樓為閱覽室，2樓為何東藏書樓，擺放著楹聯、雲石台板、名貴扶手椅及中國古籍，有著濃厚的中國古典氣息。

1.何東藏書樓典藏明清時代的古籍，是澳門重要的文物之一
2.看著這幢黃色的建築物，很難聯想到它是一座圖書館

出版社、書店、文化空間綜合體
文化公所

➡️ 同福隆新街 🕐 10:00～18:00，週日休館 💲 免費 http macau-publish.com

▲ 福榮里及福隆圍上的建築物同時也被評定為受保護的建築群

福榮里9號的文化公所，樓高兩層，屬澳門現行文物保護名單之「福隆新街及福榮里」建築群之一。1947年，前身是澳門西菜麵飽工會會址，當時是工友住宿、休閒和舉行會議的集中地。2016年，活化並改造成文化公所，成為一個出版社，書店，文化空間的綜合體。

▲ 上下兩層分成三個子空間(即出版社、書店、文化空間)

往日繁華的商業中心
福隆新街

（澳門新八景）

➡️ 從議事亭前地走至營地大街上的大豐銀行後，往對面的新填巷直走，步行約10分鐘

◀ 福隆新街步行區充滿著濃厚的藝文氛圍

福隆新街是澳門昔日繁盛的商業中心之一，以福隆新街為經，再以清平直街、宜安街、福榮里為緯，縱橫交錯、互相連貫，可謂當年紙醉金迷之地。福隆新街建築群是迄今為止保存最完整的中國青樓建築群。此區也是博彩業發揚地之一，鴉片煙曾流行一時，黃、賭、毒帶動整區的商業發展，見證了澳門開埠幾百年的歷史。後來慢慢轉型，伴手禮店家陸續進駐，成為澳門第一條伴手禮的街道。

▲ 福隆新街建築群是迄今為止保存得最完整的中國青樓古建築群

廣告＆電影喜歡拍攝的場景
郵政總局大樓

➡ 同議事亭前地 🕐 週一～五09:00～18:00，週六09:00～13:00，週日休館 🌐 www.macaupost.gov.mo

　建於1929年的郵政總局大樓，雖然沒有被列入世界遺產中，但這樣古色古香的建築物，也是廣告商及電影喜愛的場景之一。

　這裡目前仍然是澳門郵政總局的所在地，為大家提供郵遞包裹、發送電報等的服務，也可以在此購買明信片，寄給自己或親朋好友，此外在大樓的最上層有一座鐘樓，每整點會發出不同的鐘聲來報時，也是相當有特色的澳門建築。

▲ 羅馬數字MCMXXXI，是紀念郵政總局大樓從1931年開始正式對外提供郵政及電訊(電話，電報)營運的年分

▲ 郵政總局大樓至今仍在營運

當年商人的議事之處
三街會館(關帝古廟)

澳門世界遺產

➡ 從議事亭前地往公局新市南街方向走約3分鐘即達(營地街市市政綜合大樓對面) 🕐 08:00～18:00 💲 免費

　三街會館建築始建年月無從考證，只能從重修碑記中得知建於清乾隆年間，而三街會館之所以又稱為關帝古廟，是因為會館中設有關帝神殿及財帛星君殿。會館所在地是昔日繁華的榮寧社，在古廟正門旁的社壇後的紅壁上，有聯語：「榮居康樂境，寧享太平年」佐證當時的盛況。

豆知識
什麼是三街？

　所謂「三街」，指的是營地大街、關前街與草堆街，這3條街是澳門最古老的商業中心。另外，大家流傳的「廣州城、香港地、澳門街」中的澳門街，其實就是指三街中的營地大街，它也是澳門歷史最悠久的街道。

▲ 營地大街的街景

正式名稱為玫瑰聖母堂
玫瑰堂(含聖物寶庫)

玫瑰聖母堂
（板樟堂）
Igreja de S. Domingos
St. Dominic's Church

澳門世界遺產

➡ 從議事亭前地往板樟堂街方向走約3分鐘即達 🕐 10:00～
18:00 💲 免費 🔗 www.catholic.org.mo

　　建於1587年的玫瑰堂，是聖多明我會在中國的
第一所教堂，當時只是用木板搭建，因此華人稱之
為「板障廟」或「板樟廟」，後來因教堂內供奉的
是玫瑰聖母，故此又稱為「玫瑰堂」。

　　走進教堂，會被巴洛克建築風格的祭壇以及富
麗堂皇的建築深深吸引著，如此的氣氛讓人感覺
非常詳和，不定時也會舉辦音樂會，無論是不是
教徒，都很推薦來此感受神聖莊嚴的氣氛。

▲供奉著玫瑰聖母，因此有玫瑰堂的稱號

路上觀察 花地瑪聖母聖像巡遊

　　自1929年起，玫瑰堂
成為傳播葡萄牙花地瑪
聖母崇拜的重要基地，
因此每年5月13日舉行
的花地瑪聖母聖像巡
遊，遊行隊伍就是從這
裡出發，一直步行到主
教山小堂。

▲2樓的聖物寶庫，裡頭展示上百件的天主教藝術品

現存最古老西式砲台
大炮台
(炮台及花園)

大炮台（中央炮台）
Fortaleza de N.t S.t do Monte
(Monte Fortress)

澳門世界遺產

➡ 同澳門博物館(位於博物館3樓出口) 🕐 07:00～19:00
💲 免費

　　位於澳門半島中部海拔52公尺小山頭上的聖保
祿炮台，澳門居民多稱「大炮台」，是當時澳門防
禦系統的核心，與其他炮台一起構成一個覆蓋東
西海岸的寬大炮火防衛網，主要目的是防禦當時
荷蘭人的連續攻擊，而從1623～1740年間，這裡更
一直是城防司令和澳門總督的住所。

▲大炮台三面都設有大炮，主要是防禦荷蘭人入侵與攻擊

澳門第一所英語布道的教堂
聖奧斯定教堂

澳門世界遺產

➡ 同崗頂前地 ⏰ 10:00～18:00 💲 免費 🌐 www.catholic.org.mo

　　建於1591年的聖奧斯定教堂，最初非常簡陋，教士們只用蒲葵葉覆蓋屋頂來遮擋風雨，每當風雨吹來，蒲葵葉便隨風飛揚，從遠處看過來，就像龍鬚豎起，因此就稱教堂為「龍鬚廟」，後又以粵音轉稱「龍嵩廟」。這裡是澳門第一個以英語布道的教堂，且為了因應澳門人的語言，還以廣東話傳道。內有一個背著十字架的「苦難耶穌像」，在每年四旬期(大齋期)第一個主日，信眾都會奉聖像出遊至主教座堂，第二天再遊行回來，盛況十分浩大。

▶ 教堂設計採用歐洲文藝復興時代的古典風格

1. 木製講壇可是聖奧斯定教堂特色之一
2. 主祭壇後方正是背著十字架的「苦難耶穌像」

新古典主義風格
主教座堂(含前地)

主教座堂（大堂）
Igreja da Sé Catedral

澳門世界遺產

➡ 從板樟堂街或議事亭前地往大堂街方向走約3～4分鐘即達 ⏰ 07:30～18:30 💲 免費 🌐 www.catholic.org.mo

　　大堂(主教座堂)在1622時的是入口朝東、祭壇朝西，後因颱風吹襲而導致損毀嚴重。在重建後，教堂的正面的方位因此改為朝西北，與主教府共同圍合成一個前地的空間。大堂功能除了承擔教區中心工作外，以往歷屆澳門總督上任時，都會到這個教堂把權杖放到聖母的聖像旁，以象徵權力的神聖。

▶ 葡式屏風及彩色玻璃窗都是具有歷史價值的文物

▲ 頂樓大鐘是為紀念葡萄牙國王「伯多祿五世」榮登王位而建

收藏許多文物古籍
市政署大樓

➡ 同議事亭前地 ⒸⒼ畫廊：09:00～21:00，週一休館；花園：09:00～21:00；澳門公眾假期照常開放 $免費 🌐 www.iam.gov.mo ⓘ 圖書館內嚴禁拍攝

建於1784年的市政署大樓(前身名為民政總署大樓)的大堂，到處都可看到的藍白色葡國瓷磚和古老壁燈，而後方有一個建於1939年的葡萄牙花園。

2樓是以葡國瑪弗拉修道院的圖書館(Biblio-teca do Conventode Mafra)為設計藍本的圖書館，專門收藏17～20世紀50年代的外文古籍，特別是葡萄牙在非洲及遠東的歷史文獻。

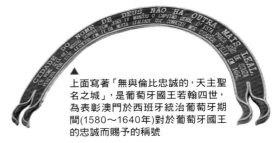

▲ 上面寫著「無與倫比忠誠的，天主聖名之城」，是葡萄牙國王若翰四世，為表彰澳門於西班牙統治葡萄牙期間(1580～1640年)對於葡萄牙國王的忠誠而賜予的稱號

▲ 南歐風格的市政署大樓

▲ 葡萄牙皇后唐娜‧萊奧諾爾雕像，這雕像原本放存在仁慈堂教堂內，於1833年該教堂被拆毀時移送至此

集合電影、本土影像及展覽的空間
戀愛‧電影館

➡ 同戀愛巷 Ⓒ書票處：10:00～23:30；**電影資料室和展覽空間**：10:00～20:00；週一公休 🌐 www.cinematheque-passion.mo

電影館樓高3層，是一個集合電影欣賞、本土影像保存、電影書籍閱讀，以及展覽等功能的藝文空間。

電影資料室收藏澳門電影及錄 ▶
像、電影書籍、期刊及雜誌等

源於葡萄牙語的名稱

戀愛巷(Travessa Da Paixão)

➡ 沿大三巴街直走約2分鐘;或沿大三巴右街直走約1.5分鐘即達 ◉ 全日開放

　　Paixão有迷戀和激情的含意,但是根據附近街道的葡文名稱推斷,戀愛巷的本意可能是指耶穌受難。無論怎樣,全長約50公尺的戀愛巷,至今已有80多年的歷史了。其中戀愛巷第5至11號的樓房具有完整和相同的裝飾,皆是紅色和淺黃色為主,有「柔情」的感覺。

▲五顏六色的戀愛巷,是許多電影,像是《游龍戲鳳》與連續劇取景的所在地

宛若中國傳統牌坊而得名

大三巴牌坊 (含天主教藝術博物館與墓室)

➡ 從玫瑰堂沿賣草地街步行,經大三巴街走約6分鐘即達 ◉ 全日開放,大三巴遺址09:00～18:00(17:30停止入場),博物館週二14:00後休館 ⑤ 免費

　　說到澳門地標之一,大家都會想到「大三巴牌坊」,換個方式說:「沒有來過大三巴牌坊,別說你有來過澳門!」

　　大三巴牌坊其實是天主之母教堂(即聖保祿教堂)正面前壁的遺址,聖保祿教堂附屬於聖保祿學院,該學院於1594年成立,是遠東地區第一所西式大學。可惜在1835年一場大火燒毀了學院及教堂,僅剩下教堂的正面前壁、大部分地基以及教堂前的石階,自此之後,這裡便成為世界聞名的聖保祿教堂遺址,澳門人因為教堂前壁形狀像中國傳統的牌坊,故稱之為「大三巴牌坊」。

▲墓室的隔壁,就是天主教藝術博物館的所在地。收藏的展品中有宗教畫、雕刻、禮儀裝飾品等等

▲大三巴牌坊是澳門的代表性景點

▲ 聖保祿學院創辦人「范禮安神父」的墓地上，興建天主教藝術博物館與墓室

▲ 透明的匣子中存放著一些日本和越南的殉教者遺骨，之前是放置在路環的聖方濟各教堂內

路上觀察 澳門國際幻彩大巡遊

　　每年的12月，澳門除了慶祝聖誕節及跨年的氣氛外，就是一年一度的「澳門國際幻彩大巡遊」，而這個精彩藝術大巡遊活動自2011年開始舉辦至今，已經成為12月最盛大的活動了，巡遊的路線從大三巴牌坊開始，一路步行到澳門半島的市區，沿途有各隊伍的表演，臉部彩繪，以及限量紀念品的派發。

http www.icm.gov.mo/macaoparade

🕐 15:00～19:00

▲ 來自世界各地以及澳門本地不同的精采表演隊伍，展現澳門獨有的異國文化色彩

▲ 由大三巴牌坊開始，沿途隊伍載歌載舞，與民同樂

▲ 閉幕禮是一個壓軸的大型幻彩匯演，有各國的隊伍表演

行家密技 大三巴牌坊沉浸式數字體驗展

設於大三巴牌坊天主之母教堂遺址廣場的「時空穿梭‧遊歷三巴」沉浸式數字體驗展，觀眾可透過VR虛擬實景，穿越時空感受數百年前聖保祿學院天主之母教堂的歷史風貌。

🕒 09:00～18:00(30分鐘一場，17:30後停止入場) 💲 澳門幣50元 http www.wh.mo/stpaulvr，售票：www4.icm.gov.mo/stPaulVRTicket

澳門與海上絲綢之路的重要物證

高園街大坑遺跡保護展示區

➡ 同大三巴牌坊 🕒 全天開放 💲 免費

大坑遺跡出土物的時代均集中於明末清初時期，推測其建造和使用時代應不晚於明末清初，與聖保祿學院運營時期一致。遺跡內出土了數量豐富的日常器物，包括陶瓷器、銅器和磚瓦類建築構件等，其中包括不少的外銷瓷和克拉克瓷殘片。

▲ 大坑遺跡內出土的克拉克瓷大多產自江西景德鎮民窯

見證400年來的時計歷史

澳門鐘錶博物館

➡ 同大三巴牌坊 🕒 10:30～18:00 💲 免費 http www.macautimemuseum.com

澳門鐘錶博物館是一家私人博物館，樓高共2層，裡頭有6個展區，分為4個常設展區(包括近現代手錶區、沛納海展區、古董鐘及懷錶區和表迷互動區)，以及兩個不定期展區，共有2百多件收藏品。

▲ 館內大都是館長方榮毅先生的私人珍藏

Point! 大三巴牌坊完全解析

第一層：入口層

共有3個入口，左方的希望之門及右方的仁愛之門門楣上，都刻有耶穌會會徽IHS的浮雕圖案。中間信仰之門上則寫有MATER DEI，說明教堂供奉的是聖母。

第二層：聖德層

窗楣上共有7朵玫瑰花浮雕裝飾，中間窗口側兩柱間以棕櫚樹裝飾，代表耶穌會與天主教在東方生根與發展。

側窗洞兩邊柱間對稱設有壁龕，分別置有4位耶穌會士的銅像(耶穌會創立人、東方開教先驅、耶穌會海外傳教士、青年學生模範)，表示耶穌會之成就。

第三層：代表著童貞聖母的勝利

中央為聖母升天像，旁邊有祈禱、奏樂、獻香的天使。

右邊是黎巴嫩的香柏樹和一隻七頭怪獸，其上有一個聖母浮雕，刻有「聖母踏龍頭」的中文字樣。

而左邊對稱位置上則是生命之泉及一隻西式帆船，上有海上明星的聖母浮雕。

另外，在柱組外邊是渦卷，右邊是骷髏及中文字「念死者無為罪」，左邊則是魔鬼浮雕，中文則是「鬼是誘人為惡」。

第四層：耶穌聖龕 (天主聖子)

兩側有耶穌受難之刑具浮雕(苦難死亡復活、刺冠、浸醋海綿、長矛、三鐵釘、長梯)。

最高層：天主聖父、天主聖神

位於太陽月亮與星辰之間的三角形山花(天主聖父)以及鴿子(天主聖神)。

最高層：天主聖父、天主聖神

第四層：耶穌聖龕(天主聖子)

第三層：代表著童貞聖母的勝利

第二層：聖德層

第一層：入口層

希望之門

▲真福方濟各・包傑

▲聖依那爵

▲聖方濟各・沙勿略

▲ 象徵天主聖神的銅鴿

▲ 小耶穌聖像

▲ 玫瑰浮雕

▲ 耶穌會會徽IHS

▲ MATER DEI，說明
教堂供奉的是聖母

信仰之門　　　　　　仁愛之門

▲ 聖類思‧公撒格

▲ 聖母升天像

▲ 聖母踏龍頭

▲ 生命之泉及一隻西
式帆船

▲ 念死者無為罪

▲ 鬼是誘人為惡

中西合璧的中國大宅
盧家大屋

盧家大屋
Casa de Lou Kau
Lou Kau Mansion

澳門世界遺產

➡ 在板樟堂街上的路口右轉步行約50公尺即達 ● 10:00～18:00(17:30停止入場)，週一休館，澳門公眾假期照常開放 **⑤** 免費

澳門世界遺產中，中國風格的建築物並不多，而其中一間就是落成於清光緒十五年(1889年)的

▲屋內左次間天井簷口的題詩中，寫著於清光緒十五年(1889年)落成

盧家大屋。雖然只是一座中式的大宅，但正面的窗戶全都是葡式的百葉窗，這是澳門特有中西合璧建築風格的特點。

盧家大屋採「三開間三進上下兩層」的格局，從廳、房、廚房、雜物房、天井等，從中都可以看得到許許多多融合中西方裝飾材料和手法，當然也使用了中國人喜愛的吉祥富貴涵意的裝飾裝潢。

🟤 豆知識
澳門著名商人──盧華紹

盧家大屋是澳門著名商人「盧華紹(盧九)」家族的舊居，盧家為廣東新會人，大約於清咸豐六年(1857年)移居到澳門。根據族譜記載：「盧九少年怙恃，生計殊窘，弱冠後始至澳門，業錢銀找換，稍有蓄積，設寶行錢號，既而以善營商業，雄財一方。」而在澳門有一條盧九街，就是以紀念盧華紹而命名。

▲中國人喜愛的吉祥富貴涵意的裝飾(磚雕、灰塑、橫披、掛落、蠔殼窗)

當年澳門軍事防衛重地
舊城牆遺址

舊城牆遺址
Troço das Antigas Muralhas de Defesa
Section of the Old City Walls

澳門世界遺產

➡ 位於大三巴牌坊附近，步行約1分鐘即達 ⏰ 全日開放 💲 免費

　　葡萄牙人在澳門建城牆，最早可追溯至明朝隆慶三年(1569年)，牆體主要是用泥砂、細石、稻草再摻合蠔殼粉逐層壓實而成。當年由於中國方面的反對，所築的城牆多次被拆毀。然而葡萄牙人以

抵禦外敵(荷蘭人)入侵為藉口，至1632年澳門北部城牆及炮台又復建完成。

1.城牆末端有一個「梁永馨香莊」的舊招牌，不過其歷史淵源就無從考究了／**2.**舊城牆的結構仍然清晰可見

中西信仰融洽相處之象徵
哪吒廟

澳門世界遺產

➡ 同舊城牆遺址 ⏰ 08:00～17:00 💲 免費

　　建於1888年的哪吒廟，廟內供奉的是「哪吒」，和一般廟宇不同，正殿入口前就是哪吒廟之門廳，因為缺少了天井的緣故，所以看起來屋頂就重疊於正殿屋頂上。哪吒廟與大三巴牌坊同在一個山坡上，中西文化的交融在這裡明顯可以看見。

▲不要小看這小小的廟宇，這可是澳門歷史城區的世界遺產哦

信俗的長期保護和永續發展
大三巴哪吒展館

推薦順遊

⏰10:00～18:00(17:30分停止入場)，週三休館，澳門公眾假期照常開放 💲 免費

　　為了宣傳和保育哪吒信仰和風俗，所以在茨林圍六號(原為大三巴哪吒廟值理會會址)興建了展館，讓大家可以深入了解哪吒節慶的歷史文化。

哪吒廟
Templo de Na Tcha
Na Tcha Temple

▲紀念章

▲大三巴哪吒展館裡展示了每年哪吒誕使用的珍貴實物

澳門第一間慈善機構
仁慈堂大樓(含博物館)

澳門世界遺產

➡ 同議事亭前地 ◎ **仁慈堂**：09:00～17:00，例假日及澳門公眾假期休館；**博物館**：10:00～12:00，14:30～17:30；週一及澳門公眾假期休館 💲 **仁慈堂**：免費；**博物館**：澳門幣5元，學生及65歲以上長者免費 http www.scmm.mo

建於1569年的仁慈堂大樓，是由澳門首任主教「賈尼路(D. Belchior Carneiro)」創立的，由於當時本機構負責慈善救濟的工作，因此名為「仁慈堂」。仁慈堂在白馬行開辦了中國第一間西式醫院「白馬行醫院(現葡萄牙駐澳門領事館)」，並設育嬰堂、痲瘋院、老人院、孤兒院等機構。現今內部則改作為商業用途。

位於2樓是仁慈堂博物館，展出了大部分來自仁慈堂值理會主席「飛安達」的私人珍藏。

仁慈堂大樓
nta Casa da Misericórdia
Holy House of Mercy

▲紀念章

◀純白色的仁慈堂大樓，可是澳門第一間慈善機構

1. 印刻耶穌會徽號的陶瓷器皿，正常中間是JHS(或IHS)字樣，但中間那個器皿的英文字是鏡面相反的錯體版／**2.** 主教「賈尼路」的頭顱遺骨，同樣被視為澳門的聖物之一／**3.** 仁慈堂的徽號／**4.** 仁慈堂1662年的「澳門仁慈堂章程」手抄原件，是仁慈堂保存歷史最悠久的文獻／**5.** 白馬行醫院的銅鐘／**6.** 門口的半身像，就是創立仁慈堂的澳門首任主教賈尼路／**7.** 賈尼路主教的全身畫像

政府出資修葺的私人物業
典當業展示館

➡ 從議事亭前地沿著新馬路往內港方向走，步行約10分鐘
🕐 10:30～19:00，每月首週一休館 💲 免費

開設於1917年的老當鋪「德成按」，原為富商高可寧先生之物業，1980年代，澳門經濟飛躍發展，人們的生活條件提高，後來許多古舊的當鋪都相繼結業，德成按後來由澳門文化局設置成為典當業展示館。

1.這是當年未使用的德成按當票，牆上更展示出當年當票的真品／2.印製當票的木刻板、當票、包括刻有貨如輪轉，大道生財，一本萬利的3種印章／3.紅色的遮蓋板都是昔日所用的大屏風

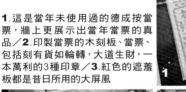

▲ 展示館依然保留原有面貌

豆知識
典當業的經營方式

不說你可能不知道，典當業在全盛時期可以分為「當、按、押」3種，三者中以「當」的經營資金及規模最大及最雄厚，當期可長達3年。利息的計算屬最低。而「按」的經營資金則次之，當期為1或2年，利息比「當」稍高。最後一種的「押」在三者中的經營資金可謂最小，當期只有4個月～1年，利息則比前兩種高。

橫跨3個世紀的機構
同善堂歷史檔案陳列館

➡ 同典當業展示館 🕐 09:30～17:30(17:00停止入場)，週二休館 💲 免費 🌐 www.tstexhibition.org.mo ❓ 需預約才能參觀

自1892年成立的澳門同善堂，至今已有超過100年的歷史，是澳門歷史最悠久的慈善機構之一。

1.同善堂修建後，特地呈現當年建築的木梁結構／2.同善堂歷史檔案陳列館展示具歷史價值的文物資料

南灣、新口岸

澳門金融中心的匯集點

澳門大部分的金融總行都位於此處，新口岸這一區，以前曾是海域，澳門政府從1920年代就開始進行填海計畫，新口岸區就因此而誕生。大家熟悉的葡京酒店就坐落於此，而金沙酒店、永利澳門、澳門美高梅等等的五星酒店也開始進駐於此，它們不單是澳門的經濟來源，也是從1980年代至今的電影場景。還有在每年11月舉辦的格蘭披治大賽車，賽道幾乎必經這裡。

當年葡萄牙子爵的住所
澳門政府總部

➡️搭乘巴士到「M187區華利前地」後,步行約4分鐘即達 ⏰除辦公外,其餘不接受開放參觀 🌐 openday.dsasg.gov.mo 💬每年10月中下旬設有開放日,可免費參觀,更設有免費導覽服務,但每年日期皆有變動,出發前請先查詢官網

建於1849年的中華人民共和國澳門特別行政區政府總部(或前總督府,Sede do Governo da Região Administrativa Especial de Macau da República Popular da China),是澳葡時期澳門總督辦公的地方。自1999年回歸中華人民共和國後,建築物改作澳門特別行政區政府總部,供澳門特別行政區行政長官及接見國賓之用。

▲每年的10月中下旬,澳門政府總部會設有開放日,開放給民眾或遊客參觀

▲開放日會設立臨時郵局,提供當天限定的紀念郵戳

▲只有每年的開放日,才能欣賞到整個政府總部的室內環境

永遠繁榮昌盛的象徵
盛世蓮花

➡️搭乘巴士到「M241金蓮花廣場」,下車即達。亦可搭巴士到「M254友誼馬路/行車天橋」,下車後步行約2分鐘即達 ⏰全日開放 💲免費

1999年12月20日,正是澳門回歸中華人民共和國的大日子,而位於綜藝館前的盛世蓮花,是當時由中國國務院贈送給的澳門的紀念物。蓮花盛開象徵「澳門永遠繁榮昌盛」,3層紅色花崗岩相疊的基座,形似蓮葉,寓意為「澳門三島」。

以純黃金鋪路的顯赫氣派

英皇娛樂酒店
(Grand Emperor Hotel)

➡ 搭乘巴士到「M171中區／殷皇子馬路」或「M187區華利前地」、「M179巴掌圍」下車後,皆步行約5分鐘即達 💲 免費(大堂) 🌐 www.grandemperor.com ❓ 21歲以下不能進入賭場

英皇娛樂酒店雖然規模並不大,但仍有三大看點。第一,停放於店正門兩旁的仿古馬車,塗上金色車身並襯托著匠心雕刻工藝,流露出18世紀英國藝術典範,此外,酒店入口每日還有精采的英國御林軍換崗表演。

▲ 仿古馬車給人一種高貴的感覺

第二,酒店中央的水池,這可是經過「白龍王」御筆親題的祈福池哦!酒店大廳是以歐洲宮殿為建築主題,英國皇室油畫及大型水晶吊燈彰顯出皇族氣派的感覺。

第三,純金打造而成的「黃金大道」,裡頭共有78塊,總重量達78公斤的瑞士999.9千足純金就鋪在這地板中。

▲ 御林軍還會改變姿勢哦

▲ 英國皇室油畫彰顯出皇族氣派

1.英皇集團旗下的酒店／**2.**999.9千足純金打造而成的「黃金大道」／**3.**上面可是有白龍王的御筆題字呢

外形有如火炬的建築設計
新葡京酒店(Grand Lisboa Macau)

➡ 搭乘巴士到「M172亞馬喇前地」下車後，經葡京路步行2分鐘後即達 💲 免費(大堂) 🔢 www.grandlisboahotel.com ❓ 21歲以下不能進入賭場

新葡京酒店除了特別的造型外，大堂中放置著各式各樣的收藏品，無論水晶吊燈或天花板的造型，都象徵著財運滾滾來的含意。更讓人驚歎的是在大堂中央處的圓明園「馬首」及一顆取名為「何鴻燊之星」的完美切工鑽石。

1.新葡京這種奇特蓮花造型，真的很難讓人忘記／**2.**&**3.**正門中央的圓明園馬首以及一顆達218.08卡的鑽石是大家爭相拍照的展品

澳門首間五星級酒店
葡京酒店(Hotel Lisboa Macau)

➡ 同新葡京酒店 💲 免費(大堂) 🔢 www.hotelisboa.com ❓ 21歲以下不能進入賭場

外觀似鳥籠設計的葡京酒店，讓人形象深刻，更是80年代至今電影取景的主角之一。經過三十多年不斷擴建之後，從原本的幾百間客房，擴增成現在超過1,000間客房的酒店。

1.經典的造型，猶如穿越時空回到過去／**2.**大廳天花板上的海盜圖，呈現出葡萄牙航海的特色

擁有眾多精品品牌的名店街

永利澳門（Wynn Macau）

➡ 搭乘巴士到「M172亞馬喇前地」下車後，步行穿越過行人地下道即達；或搭乘巴士到「M263仙德麗街」下車即達 $ 免費(大堂) http www.wynnmacau.com ? 21歲以下不能進入賭場

永利澳門是首間以拉斯維加斯模式經營的綜合度假村，門口的表演湖也是最受大家矚目的表演。此外，金光閃閃的氣氛，結合聲光、影像等效果的吉祥樹和富貴龍，讓遊客們能夠在這裡沾沾財氣。

▲ 永利澳門金色的外觀給人一種高貴氣派的感覺

精采看點1 表演湖

© 週日～五11:00～21:45，週六及公眾假期前夕11:00～22:45（每15分鐘一場）$ 免費

表演湖的聲光水舞秀，是這裡受矚目的表演之一，音樂都特別挑選過，有流行歌曲、古典音樂、百老匯等歌劇的曲子，湖水伴隨著華麗的燈光及音樂不停的舞動，還不時加入噴火的元素，讓水舞秀更加精采。

精采看點2 富貴龍、吉祥樹

© 10:00～02:00(每30分鐘輪流演出) $ 免費

這是結合聲光、影像效果的表演。有60枝主枝，以及超過2,000枝分枝及98,000塊由24K純金及黃銅薄片組成的葉子造成的「吉祥樹」，配合著音樂轉動，金光閃閃、貴氣逼人。而嵌鑲了15,400個LED燈泡的「富貴龍」猶如騰雲駕霧般出現，隨著音樂的變化製造出千聲光效果。

▲ 吉祥樹

▲ 富貴龍

精采看點3 水母水族箱

位於隔壁的萬利大樓內，櫃檯的後方有著長7.5公尺的海月水母水族箱，擁有近千隻來自日本及台灣的海月水母。

▲ 長7.5公尺的海月水母水族箱，擁有近千隻來自日本及台灣的海月水母

必看華麗精緻的玻璃藝術品
澳門美高梅(MGM Macau)

➡搭乘巴士到「M268城市日前地」下車後,步行約2分鐘即達;或是搭乘巴士到「M172亞馬喇前地」下車後,從地下道步行約10分鐘,穿越永利澳門酒店後即達 💲 免費(大堂) 🔗 www.mgm.mo ❓ 21歲以下不能進入賭場

　　澳門美高梅讓人最深刻應該就是它以3種不同顏色(黃金色、白金色及玫瑰金色)波浪設計的獨特外牆。此外,以葡萄牙首都的里斯本車站為藍圖而設計的天幕廣場,讓你坐在廣場中,猶如置身於歐洲的廣場一樣。

1.門外的金獅青銅雕像,是澳門美高梅的吉祥物/**2.**這名為「Fiori di Paradiso Drawing Wall」的設計,完全人工吹製,42塊玻璃是全亞洲首件大型的玻璃藝術品/**3.**天幕廣場會不定期展出不同主題的展覽/**4.**大廳中央的玻璃設計,是由世界著名藝術家戴爾‧奇胡立(Dale Chihuly)特別為澳門美高梅所製作的

澳門首座主題公園
漁人碼頭

➡️ 搭乘巴士到「M254友誼馬路／行車天橋;」或到「M259孫逸仙大馬路／金沙」,下車後步行約2分鐘即可達。亦可搭乘巴士到「M70理工學院」;或到「M118高美士／馬六甲街停車場」站,下車後約步行6分鐘即可達 💲 免費 http www.fishermanswharf.com.mo

　　漁人碼頭是澳門首座主題公園和仿歐美漁人碼頭的購物中心,是一個結合美食、酒吧、會展、住宿以及娛樂的綜合體。分為勵宮酒店、勵庭海景酒店、勵駿碼頭(含萊斯酒店)以及東西匯聚區。

　　最可看的是勵駿碼頭,傍晚散發出一種浪漫的感覺,夜景也相當的漂亮,坐在海邊的酒吧,享受著微涼的海風,頓時心曠神怡。再往裡頭走去,看到的全是各國建築的縮影,羅馬館、西班牙千里達館等,裡頭提供各國的美食以及精品。

1.碼頭內的各國經典建築,不單外觀獨特,裡頭更是各種商店以及食肆／2.古羅馬表演場,只要有重大節日時,就會有表演在這裡舉辦

擁有頂級室內影像放映設備
澳門科學館

➡️ 搭乘巴士到「M266澳門科學館」下車即達 🕙 10:00～18:00(週四休館) 💲 展覽中心:成人澳門幣25元,11歲或以下、65歲或以上人士澳門幣15元,2歲以下幼童免費;天文館(2D):成人澳門幣60元,11歲以下、65歲以上人士澳門幣20元,2歲以下幼童免費(不占座位及3D眼鏡);天文館(3D):成人澳門幣80元,11歲以下、65歲以上人士澳門幣30元,2歲以下幼童免費(不占座位及3D眼鏡) http www.msc.org.mo

　　澳門科學館的展覽中心中有12個長期展廳的主題,包括兒童、科技、環境科學及生活四大範疇,同時設有2個適時

▲澳門科學館是澳門首個及唯一以科學為主題的博物館

更換的專題展覽廳,而館內更有提供2D以及3D的影音節目,不過是要另外付費的。

💗 貼心 小提醒
科學館免費參觀日
　　5月1日勞動節、5月18日國際博物館日、10月1日中國國慶日、12月19日澳門科學館週年紀念日、12月20日澳門特區成立紀念日,展覽中心均免費參觀。

▲館中展示出各種與科學及科技有關的展品

來往高士德與新口岸更方便
環松山步行系統

➡️ 二龍喉街與羅斯基博士大馬路間　🕐 全年開放

2022年10月1日啟用的環松山步行系統，又稱為松山行人隧道，是貫穿松山的行人隧道，連接新口岸與高士德一帶的自動步行系統，全長400公尺，北廣場是二龍喉街，南廣場是羅理基博士大馬路的皇家金堡酒店前，隧道內設有電梯，可直接通往松山地厘古工程師馬路／松山馬路(松山跑步徑)。

▲ 系統建成後，步行距離大大縮短一半以上時間

澳門首條貫穿松山的行人隧道
棹公亭步行系統

➡️ 山邊街與東望洋斜巷間　🕐 全年開放

澳門首條貫穿松山的行人隧道，一側是羅理基博士大馬路中聯辦大樓後方，另一側是東望洋斜巷澳門金融管理區大樓旁，隧道裡有電梯通往棹公亭、松山健康徑以及松山晨運斜坡。

▲ 從新口岸區可輕鬆到達荷蘭園一帶

昔日商船停泊之處
南灣・雅文湖畔

澳門新八景

➡️ 搭乘巴士到「M187區華利前地」後，步行約4分鐘即達　🕐 11:00～18:00　💲 **雙人水上單車**：澳門幣20元(30分鐘)；**4人水上單車**：澳門幣40元(30分鐘)

南灣湖是澳門半島南面的湖泊，不過它並非天然的湖泊，是1991年澳葡政府推行「南灣整治計畫」而成。南灣湖上有水上活動中心，提供水上單車，讓你可以休閒的暢遊湖畔風景。

從南灣湖這裡也可以遠眺到著名的澳門旅遊塔 ▶

軍事博物館前身
澳門保安部隊博物館

➡️ 搭乘巴士到「M165加思欄花園」或是「M168八角亭」下車後，步行約50公尺即達 ⏰ 09:00～17:45 💲 免費 🌐 www.fsm.gov.mo/dsfsm/cht/exhibition/introduction.aspx

　　前身是軍事博物館，於2004年11月16日正式易名為澳門保安部隊博物館，博物館內展示具歷史價值的軍、警用物品、過去及現在所使用的部分物品和制服，另外，參觀之餘，更可順道遊覽澳門保安部隊事務局的花園。

▲ 博物館地點位於兵營斜巷澳門保安部隊事務局大堂

祝賀澳門特別行政區而成立
澳門回歸賀禮陳烈館

➡️ 同藝術博物館 ⏰ 10:00～19:00，週一休館 💲 免費 🌐 www.icm.gov.mo/handovermuseum

　　澳門回歸賀禮陳列館樓高3層，主要展示由中國國務院、中國各省、直轄市、自治區和香港特別行政區贈送澳門的回歸賀禮。專題展覽廳則是舉辦各類型展覽，主題圍繞澳門歷史和本土文化生活史等。

▲ 每項賀禮都意義深遠、別具意義

上萬件中國名家作品
藝術博物館

➡️ 搭乘巴士到「M257新口岸／文化中心」或是「M259孫逸仙大馬路／金沙」下車後，步行約50公尺即達 ⏰ 10:00～19:00，週一休館 💲 免費 🌐 www.mam.gov.mo

　　澳門藝術博物館是澳門規模最大的藝術展示空間，樓高4層，館藏超過16,000件(套)，重要藏品包括明代宮廷畫家林良的《孔雀松竹圖》與《鷹攫圖》、中國書畫、歷史繪畫，以及石灣陶瓷系列等名家作品。另外，1樓的故宮文創館則是北京故宮博物院境外首間專門店。

藝術博物館時常展出中國國家級的藝術展覽 ▶

以中華民族為主題
中華民族雕塑園

➡ 搭乘巴士到「M161高美士／利澳」或是「M156高美士／南園大廈」或是「M243何賢公園」下車後，步行約5分鐘即達 🅒 園內雕塑展示區：24小時開放；展覽館：10:00～19:00 💲 免費

澳門唯一以民族雕塑為主題的展示園，分為雕塑展示區及展覽館兩部分，雕塑展示區展示了56尊以中華民族形象為主題的雕塑，而這些雕塑在園區內的位置，是參照各民族實際聚居的區域位置而擺放的。

▲ 展覽館透過圖片、動態影像及民族物品，來反映各民族的生活特色及精神面貌

賽車互動與模擬遊戲
澳門大賽車博物館

➡ 搭乘巴士到「M118/2高美士／馬六甲街停車場」下車後，步行約2分鐘即達 🅒 10:00～18:00(17:30停止售票)，公休：週二 💲 成人澳門幣80元，12歲以上、65歲以上人士澳門幣40元，3歲以下免費 🌐 mgpm.macaotourism.gov.mo

於2021年6月1日正式開幕的新澳門大賽車博物館，樓高4層，每層皆為獨立主題，除了靜態的展示品外，更增加了動態互動的遊戲與賽車模擬器。此外，2023年3月27日更與杜莎夫人蠟像館合作，展出8位知名賽車手的蠟像。

1. 新的大賽車博物館，跟之前截然不同
2. 展出8位知名賽車手的蠟像
3. 館內有多種賽車的動感遊戲

期間限定

澳門國際煙花比賽匯演

每年9月,就是一年一度的澳門國際煙花比賽匯演,炮竹業曾是澳門三大手工業之一,葡萄牙也是一個擁有悠久煙花歷史的地方。而澳門國際煙花比賽匯演在9月的每個星期六舉行,地點位於澳門旅遊塔對出海面施放。

🕐每年9月及10月1日

行家密技 觀賞煙火好去處

- ■南灣·雅文湖畔
- ■澳門旅遊塔露天廣場
- ■主教山下(衣灣斜巷)的澳門基金會前
- ■主教山小堂旁公園
- ■濠璟酒店
- ■氹仔七潭公路石雕眺望台
- ■氹仔海洋大馬路海邊
- ■澳門旅遊塔61樓的室外觀光廊空中漫步(Skywalk)特別版
- ■沙格斯大馬路、文華東方酒店湖景房

不能錯過的格蘭披治大賽車

每年11月中旬舉辦的格蘭披治大賽車,來自世界各國的賽車好手在澳門齊聚一堂,在澳門這條街道一決高下。包括摩托車、超

級房車以及三級方程式,為期4天的練習賽及正式賽,讓整個澳門的熱情High到最高點。在這個賽季,可以購買一張集車處(Paddock)的入場證,有賽事的日子裡,就能無限次進入集車處,捕捉你所喜歡的賽車與賽車女郎,感受不一樣的賽車樂趣。

➡ 集車處:於綜藝館或亞馬喇前地搭乘免費接駁車至外港碼頭(賽車期間巴士不會停靠外港碼頭)🕐每年的11月中旬@大賽車委員會登記信箱:macaugp@cgpm.gov.mo(每年9月開放登記)

位置	練習賽(澳門幣)	正式賽(澳門幣)
大看台(不設劃位)	100	(A)600 (B)750
葡京彎看台(劃位座位)	100	1,000
水塘看台(不設劃位)	100	400

▲風馳電疾的跑車引擎聲,絕對讓你熱血沸騰

媽閣、西灣、下環

百年歷史建築的匯集地

　　媽閣除了是澳門葡萄牙語名稱的由來外，也是澳門世界遺產歷史城區的第一站，從這裡出發，沿著媽閣斜巷走，處處都是世界遺產的歷史建築，包括：港務局大樓、亞婆井前地、鄭家大屋、聖老楞佐教堂等等，這些百年歷史的建築，見證著澳門中西文化的融合。此外，緊張又刺激的澳門旅遊塔冒險活動以及煙火匯演，都可以在這裡一一感受與體驗。

澳門三大古刹最古老者
媽閣廟(含前地)

1.搭乘輕軌到「媽閣廟站」,步行10分鐘即達;
2.搭乘巴士到「M203媽閣廟站」,步行約2分鐘即達;3.搭乘海上遊到「媽閣碼頭」下船後步行約5分鐘即達 **◎** 07:00～18:00 **$** 免費

媽閣廟
Templo de A-Má
A-Ma Temple

　　創建於1488年的媽閣廟,是澳門香火鼎盛的廟宇之一。傳說明朝萬曆年間,福建商人乘船來澳,即將抵岸時遇狂風暴雨,處境非常危險,幸好遇上媽祖在媽閣山顯靈,才能化險為夷,於是建殿謝恩。每年大年初一,信眾們都是凌晨就來排隊,為了就是要爭得頭柱香,使得這裡總是擠得水洩不通。

▲ 沿山麓而建的媽閣廟,裡面供奉著媽祖

豆知識
澳門這個名稱的由來

　　「媽閣」這個名字在澳門不但是宗教信仰的象徵,更是澳門名稱的由來。在16世紀中葉,第一批葡萄牙人從現在媽閣廟前海岸抵澳,當時因為不知道這裡是什麼地方,因此詢問當地居民:「這是哪裡?」,結果漁民們誤以為他們問這座廟宇的名稱,所以就回答「媽閣」廟。葡萄牙人聽成「MACAU」,因此就成為澳門葡萄牙語的名稱由來。

▲ 刻上「利涉大川」4字的石刻,至今已有四百多年歷史

葡萄牙人在此登陸澳門
海事博物館

同媽閣廟 **◎** 10:00～18:00(17:30停止售票)(週二休館) **$** 成人:澳門幣10元(週一～六)、澳門幣5元(週日);10～17歲:澳門幣5元(週一～六)、澳門幣3元(週日);10歲以下、65歲或以上者:免費 **http** www.museumaritimo.gov.mo

　　海事博物館共分4個區域:海事民俗展覽廳、海事歷史展覽廳、海事技術展覽廳以及水族館。館中有15～17世紀與葡國及中國有關的海事歷史,其中包括地理大發現時期以及葡國航海家使用的船隻模型。

▲ 海事博物館的所在地,就是當年葡萄牙人登陸澳門的地方

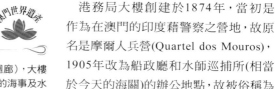

玩樂篇

媽閣、西灣、下環

仿阿拉伯式的廊道建築
港務局大樓

澳門世界遺產

➡️ 沿著媽閣斜巷往上走約200公尺即達 🕒 09:00～18:00(迴廊)，大樓內部不開放 💲 免費 🌐 www.marine.gov.mo ❓ 每年7月中旬的海事及水務局日，港務局大樓開放參觀，出發前可留意官網

港務局大樓創建於1874年，當初是作為在澳門的印度藉警察之營地，故原名是摩爾人兵營(Quartel dos Mouros)，1905年改為船政廳和水師巡捕所(相當於今天的海關)的辦公地點，故被俗稱為「水師廠」。

大樓較為特別的是迴廊的牆身上，均開滿伊斯蘭式的拱券，特別是在較長的迴廊上，是澳門鮮少看到的阿拉伯式的建築。

◀ 在歐洲的殖民地，鮮少看到的阿拉伯式建築

🌐 豆知識
澳門的「萬里長城」

媽閣斜巷之所以被稱為「萬里長城」有兩種說法。一種說法是由於斜巷的長度相當長，有如萬里長城般，故曰其名；另一種說法則是由於百多年前沿途並未興建任何高樓大廈，隱約可見澳門舊城的城牆遺跡，並順

延至媽閣廟旁，故被澳門居民稱為「萬里長城」。港務局大樓正位於此巷上。

全球首間以伴手禮為題材
手信博物館

➡️ 同媽閣廟 🕒 09:00～19:00 💲 免費

位於媽閣廟附近的鉅記餅家中，是一所關於伴手禮的博物館，館藏達百多件與澳門伴手禮業有關的物品，展品如顯記餅家及英記餅家月曆鐵牌等已經有百年歷史的收藏品。

▲ 全球第一間以伴手禮為題材的博物館

適合觀賞夜景的好去處
主教山小堂

澳門新八景

➡ 搭乘巴士到「M175濠璟酒店」或者「M191亞婆井前地」下車後，沿西望洋斜巷上主教山，步行約20分鐘即達 🕙 10:00～17:00 💲 免費

創建於1622年的西望洋主教山小堂(別稱：海崖聖母小堂)，雖然沒有列入澳門世界遺產之中，但很多電影以及電視劇都是以此為拍攝場地，例如劉德華的《賭城大亨之新哥傳奇》、張志霖的《十月初五的月光(澳門街)》都是在此拍攝的。

▲ 聖母堂前的高台的大理石聖母像，雙手合十、貌甚慈祥、面臨大海

▲ 路德聖母岩洞前的葡文古銅墓碑。1918年2月18日，約翰鮑連那主教逝世後寄葬於此

早期葡萄牙人聚居地
亞婆井前地

澳門世界遺產

➡ 搭乘巴士到「M191亞婆井前地」下車即達 🕙 全日開放 💲 免費 ❓ 售賣亭營業時間由10:00～18:00，逢週三休息

亞婆井前地這個充滿南歐風格建築的廣場，可是葡萄牙最早的住宅區之一，至今也是最多土生葡萄牙人居住的地方之一。

▲ 亞婆井前地最有特色的，莫過於就是7、9、21號3間葡式的公寓了

豆知識

亞婆井由來

傳說明朝有一位老婆婆在此建水池貯山泉，以方便居民飲用，因為廣東話老婆婆稱為「亞婆」或「阿婆」，所以日後稱這個水池為亞婆井。而亞婆井的葡萄牙語Largo do Lilau也是指「山泉」的意思。而且昔日葡萄牙人有一首民謠說：「喝過亞婆井水，就忘不掉澳門；要嘛在澳門成家，要嘛遠別重來。」

玩樂篇

媽閣、西灣、下環

中國嶺南風格式民宅
鄭家大屋

鄭家大屋
Casa do Mandarim
Mandarin's House

澳門世界遺產

➡ 同亞婆井前地　🕙 10:00～18:00(週三休館)　💲 免費　🔗 www.wh.mo/mandarinhouse

　　建於清同治八年的鄭家大屋，占地約4,000平方公尺，是由多座不同風格建築所組成，大小房間共有六十多間，是澳門少見的家族式建築群。據說鄭家大屋曾經一度有300多人在內居住，出現過「七十二家房客」景象。

貼心 小提醒

參觀人數有控管

　　同一時間，全屋最多接待200名參觀者；餘慶堂之地面層、樓上大廳及積善堂地面層分別最多接待20名參觀者。另外週六、日有提供粵語的免費導覽活動。

▲ 文昌廳內裡頭放置著1894年出版的《盛世危言》

◀ 「通奉第」牌匾以及對聯的「前臨鏡海」和「後枕蓮峰」，簡單明瞭地說明大屋選址時背山

▲ 廳內4條木柱上掛有楹聯，分別書寫鄭家的處世訓言，橫梁上則掛有「餘慶」牌匾

深具葡萄牙式建築色彩
聖老楞佐教堂

聖老楞佐堂及前地
（風順堂）
Igreja de S. Lourenço e adro
St. Lawrence's Church

澳門世界遺產

➡ 搭乘巴士到「M180風順堂街」下車即達 ⏰ 10:00～17:00
💲 免費

▲ 室內設置多個小祭壇，兩旁裝有聖經故事圖案的彩色玻璃窗

風順堂街上的聖老楞佐教堂，可是澳門三大古教堂之一。因當年居澳的葡萄牙人大多為出海營商為生，家人為求親人能平平安安歸來，多於這座教堂祈禱希望得到航海的平安，故又名風順堂。

而教堂的結構相當特別，裡頭完全沒有梁柱所隔，枝型的大吊燈從天而降，木製的拱形屋頂，支撐著整個中廳。而祭壇內供奉的就是為羅馬教會殉職的聖老楞佐(S. Lourenço)。

▲ 「風順堂」，其實有祈求「風調雨順、順風順水」之意

▲ 教堂內部完全無用梁柱支撐

🫘 豆知識

掌管羅馬教會財產的執事

聖老楞佐是羅馬教會7位執事之一，掌管著羅馬教會的財產，負責救濟窮人的工作。公元257年華肋良皇帝頒布仇教的詔令，翌年，教宗聖西斯篤二世遇難，而老楞佐將教會的錢財分施給窮人，羅馬總督以為教會藏匿大批財產，所以傳老楞佐來，命令將教會錢財全部獻出，於是老楞佐請他寬限幾天。

老楞佐召集窮人，幾日後前往總督府，總督見狀後就大怒，問說這些人是來做什麼的？老楞佐說：「你不是要我獻出『教會的財寶』？現在在你面前的這些人就是教會的財寶呀！」

總督大怒，命令人抬來一個鐵絲架子，下面燒煤，把他放在架子上，慢慢的烤炙，而老楞佐在鐵絲架上烤了一陣子後，還轉過頭來微笑對法官說：「把我的身體轉過來吧，這一邊已經烤得夠熱了。」刑吏上前，將他的身體翻過來。他就說：「這一邊烤好了，你們可以吃了。」

因為他受了烤炙的慘刑，最後氣絕身亡，後來他的事蹟感動了許多參議員，立即皈依真教，也加速了羅馬城的歸化。

華麗的巴洛克式建築風格
聖若瑟修院及聖堂

澳門世界遺產

➡️ 搭乘巴士到「M180風順堂街」下車後，步行至順風堂上街再走到三巴仔橫街即達，約2分鐘 🕙 10:00～17:00(修院不對外開放)，珍藏館週三休館 💲 免費

於1728年創建的聖若瑟修院，專門培育赴中國及東南亞地區傳道的神職人員，可謂春風化雨，堪稱為天主教「少林寺」，對澳門成為聖名之城影響頗大。其中還有一件很重要的聖物，就是聖方濟各‧沙勿略(Francisco Xavier)的手肱骨，這聖髑被視為東方天主教會的重要文物。而聖若瑟修院藏珍館收藏超過上百種典籍、油畫、聖人雕像、祭祀用品等宗教文物。

豆知識

歷史上最偉大的傳教士

聖方濟各‧沙勿略是西班牙籍天主教傳教士，也是耶穌會創始人之一，更是第一位到遠東傳教的耶穌會士，首先將天主教信仰傳播到亞洲的馬六甲和日本。天主教會稱之為「歷史上最偉大的傳教士」，是「傳教士的主保」。

1.&5.別稱三巴仔的聖若瑟修院及聖堂，當時規模僅次於聖保祿教堂(大三巴牌坊遺跡前身)／**2.**1999年修建時所發現的奠基石及奠基紀念銅牌，上面清楚記載修建聖堂的日期(1746年)及人員，更特別的是銅牌背面更有一行漢字寫著：「乾隆壹拾壹年捌月貳拾陸日」／**3.**馬六甲、羅馬和澳門聖若瑟修院都珍藏著沙勿略的部分遺髑／**4.**兩組四枝腰纏金葉的旋柱，每條柱座都有著不一樣的金雕花

體驗刺激冒險活動的好去處
澳門旅遊塔會展娛樂中心

澳門新八景

➡️ 搭乘巴士到「M177澳門旅遊塔」或「M182旅遊塔／行車隧道」下車即達 🕙 10:00～21:00(平日)，09:00～21:00(週末) 💲 觀光塔的觀光廊門票(包括58層的觀光廊和61層冒險活動層)：成人澳門幣165元；長者(65歲或以上)澳門幣95元；小童(3～11歲)澳門幣95元；嬰兒(3歲以下)免費 🌐 www.macautower.com.mo

塔身338公尺的澳門旅遊塔，驚險活動如笨豬跳(Bungy Jump)及空中漫步(Skywalk)，可是被列入金氏世界紀錄(Guinness World Records)。搭乘每秒5公尺的高速電梯直達58樓的觀光主層，時間只需55秒而已。

　　觀光主層除了可以遠眺澳門的美景外，最特別的就是東西兩方地面都鋪上特製的玻璃地板，在這些特製玻璃地板上，可以從223公尺的高空直望地面，感覺好像在凌空走動似的。如果喜歡刺激的話也可參加笨豬跳、空中漫步或百步登天等活動。

冒險活動層參加費用與資訊

活動	價錢(澳門幣)	贈品	預約制
笨豬跳 (Bungy Jump)	2,888、5,188(2人)	包含相片及視頻、旅遊塔門票(相片及視頻單人需加購)	要
百步登天 (Tower Climb)	1,888	包含相片及視頻、旅遊塔門票	要
高飛跳 (Sky Jump)	1,988、2,988(2人)	包含相片及視頻、旅遊塔門票	要
空中漫步 (Skywalk)	788、1,988(家庭套票)	包含相片及視頻、旅遊塔門票	免

※參與冒險活動，需現場簽署同意書並評估個人生理狀況，業者有權拒絕參加資格

💗 貼心 小提醒

善用線上平台預訂旅遊體驗

　　KKday與Klook兩大線上平台，都有販售澳門的景點門票、餐廳以及旅遊商品，價格會比官網售價來得便宜，還可以預約日期，出發前不妨先行購買及預訂。

◀ kkday 專屬優惠

◀ klook 專屬優惠

1.360度的觀光主層，可以俯瞰澳門南、西灣的美景／**2.**58樓的觀光主層的地板上，有著讓人直冒冷汗的透明玻璃地板／**3.**看似驚險的動作，其實都在安全及專業指導下進行／**4.**煙火期間，更有開放空中漫步特別版

藝文遊賞 散步之旅

街頭塗鴉藝術

　　為了活化澳門的舊城區以及離島，澳門很多地方都能欣賞到國外以及澳門本地的藝術創作，地點包括以柯邦迪前地(司打口)、氹仔官也街附近以及路環市區，而且每年10月的響朵街頭藝術節，會邀請來自世界各地出色的街頭藝術家共聚一堂，在司打口前地周邊與巷弄，甚至酒店裡舉辦以塗鴉藝術為主的盛事，為舊城區注入新的活力元素。

http www.facebook.com/Outloudmacau

馬卡龍建築

每當經過澳門的巷弄與街道，總會被五顏六色像馬卡龍般的建築物深深吸引，多彩繽紛，讓人難以忘懷。

戀愛巷

兵房斜巷

關前後街

培道中學幼稚園

澳門文學館

航海學校

大西洋銀行總行

海事博物館行政大樓

魯彌士主教幼稚園

嘉模會堂

社會工作局

東南學校(小幼部)

紀念章蒐集

澳門到處都有紀念章可以蒐集，類別包羅萬象，而且各具特色，包含各個世界遺產、博物館、郵局、部分廟宇，甚至一般店家，走訪時，記得隨身帶著手帳筆記本，就能隨時將喜歡的紀念章收藏留念。有些蓋章的地方非常隱密，需要詢問服務人員才能得知。

大三巴牌坊
Ruínas de S. Paulo
Ruins of St. Paul's

▲ 梳打熊貓十二生肖紀念章

▲ 郵局紀念章

▲ 特殊活動、店家特色章

三街會館(關帝廟)
Sam Kai Vui Kun
Sam Kai Vui Kun

沙梨頭、內港、新橋

發展平穩、歷史最悠久的重要社區

「沙梨頭」本是一個海邊漁村的名字，就在今天白鴿巢公園的北面海邊，這裡可以看到澳門漁村的一面，而從花王堂斜巷上去的白鴿巢前地(Praça de Luís de Camões、賈梅士前地)，是葡萄牙人在澳門最早的居住區，由於葡萄牙富商馬葵非常喜歡養白鴿，而白鴿都棲息於簷宇，遠觀像白鴿巢一樣，因此而得名。

「新橋」原是澳門一道橋梁的名稱，雖然如今橋梁已經毀壞，但居民仍沿用此名稱作為地名。

澳、葡人結婚地點首選
聖安多尼教堂

聖安多尼堂及前地
（花王堂）
Igreja de St.º António e adro
St. Anthony's Church

澳門世界遺產

➡ 搭乘巴士到「M201白鴿巢前地」或「M124白鴿巢總站」下車即達 🕐 07:30～17:30 💲 免費

聖安多尼教堂是澳門三大古老教堂之一(創建於1558～1560年間)，雖然教堂屢遭火劫，其中1874年9月22日聖堂被雷電擊中起火，但其火光卻引導了海上的居民上岸，因此以後每年的9月22日這一天，被澳門人稱作為「天災節」，市民會扛着聖安多尼像上街遊行，以示紀念。

這座教堂的近代歷史，可從參看以葡文鐫刻在門前石碑上的內容而得：建於1638年，毀於1809年，重建於1810年，再次毀於1874年，並重修於1875年。教堂內除供奉「聖安多尼」外、還有嘉諾撒仁愛女修會會祖的「聖女嘉諾撒瑪大肋納」以及到澳門學習神學的韓國第一位聖人「聖金大建」(St. Andrew Kim)。

豆知識

婚姻主保之聖人

聖安多尼(St. Anthony of Padua)，出生於葡萄牙，以助人尋找失物見稱，很多天主教徒都會向他求助，後來人們不只希望他幫助尋找失物，更希望他幫助尋找伴侶，於是聖安多尼也成為了「婚姻主保」。很多澳門人及葡萄牙人也因而選擇在聖安多尼教堂舉行婚禮，由於外國婚禮多數以鮮花裝飾，聖堂前常出現一片花海，因此華人亦稱之為「花王堂」。

▲聖安多尼是婚姻主保的聖人

1.教堂色彩以黃、白色為主，雖然供奉的是聖安多尼，但祭壇中間依然有耶穌釘在十字架上的塑像／**2.**在聖安多尼教堂的大門左右兩側，還有以葡文鐫刻的石碑，寫著關於教堂的建造歷史

曾為澳門富商的別墅
東方基金會會址

澳門世界遺產

➡ 同聖安多尼教堂 ⓒ 畫廊：09:30～18:00(週六、日休館)；
花園：09:30～18:00 💲 免費

創建於1870年代的東方基金會，曾是澳門保險之
家創始人巨富俾利喇(Manuel Pereira)的別墅。現在
為東方基金會的澳門辦公室，而畫廊早已改建為展
覽空間，不定期這裡舉辦一些個人或聯合的展覽，
供民眾免費參觀。

▲ 粉紅與白色的門面，這裡曾經是賈梅士博物館

- -

澳門第一座基督教新教墳場
基督教墳場
(含馬禮遜教堂)

澳門世界遺產

基督教墳場
Cemitério Protestante
Protestant Cemetery

➡ 同聖安多尼教堂 ⓒ 09:00～17:30 💲 免費

第一位來華傳教的新教傳教士馬禮遜(Robert Morrison)
的妻子因病在澳門去世，當時馬禮遜為東印度公司職員，
於是便請東印度公司出面向澳葡當局申請將現址闢為墳
場，因此成為澳門第一座基督教新教墳場。而與墳場同時
興建的「馬禮遜教堂」，是澳門第一座基督教傳道所。教堂
室內採用英國錘式的屋架建造，裝飾簡潔，牆上還掛著馬
禮遜等人的照片。室內只有80平方公尺，規模比較小，教
堂內部還有彩色的玻璃窗。

▲ 馬禮遜(Robert Morrison，1782～1834年)，是第一
位來華傳教的新教傳教士

▲ 瑪莉(Mary，1791～1821年)，是馬禮遜的太太，基督
教墳場也是為她而開闢

▲ 仿羅馬建築風格的馬禮遜小教堂

孫中山曾在此開辦西藥店與門診

中西藥局舊址(飲香儷館)

➡ 搭乘巴士到「M133草堆街」,下車後往回走,步行約1分鐘即達 🕙 10:00～18:00(週二休館,澳門公眾假期照常開放) 💲 免費 http www.icm.gov.mo/cn/ChongSaiPharmacy

中西藥局約建於1892年以前,至今已經超過120年的歷史,孫中山先生於1893年在這裡開設藥局,是澳門歷史上最早記錄有華人開辦售賣西藥的藥店與西醫門診之一,舊址經過多次租售及

▲ 早於草堆街80號建築建成以前的石結構遺跡

轉讓,2011年由澳門特別行政區政府購入,開始進行修復工作。展館中有多個展示區供民眾參觀,包括孫中山與澳門專題展示區、建築修復技術展示區、特色建築構件展示區

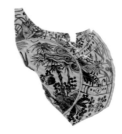

▲ 澳門出土的明代晚期克拉克瓷盤

▲ 飲香儷館前身其實就是中西藥局

與考古遺跡及遺物展示區,見證了國父孫中山先生在澳門的生活景象,意義非凡。

見證澳門消防的演變

消防博物館

澳門消防博物館
MUSEU DOS BOMBEIROS DE MACAU

➡ 搭巴士到「M121連勝/鏡湖醫院」或「M245鏡湖醫院」,下車後步行大約3分鐘即達 🕙 10:00～18:00 💲 免費 http www.fsm.gov.mo/CB/cbmuseum

建於1920年的消防博物館,前身是消防局的指揮大樓,為了讓市民增加對消防的認識,籌備多年後,於1999年正式對外開放,館內主要分為主展覽廳以及內展覽廳,展出近700餘件與消防有關的展品。

1.門口石碑上紀念的是重組消防隊的第一位消防督察「羅比士將軍」/**2**.1949年的Dennis消防車,使用的是舊式水泵以及木梯,梯長只有35級/**3**.具有南歐建築風格的指揮大樓,至今已經近有100年的歷史了

荷蘭園、東望洋

當年拘禁荷蘭戰俘之地

荷蘭園位於市中心東側，沒有高樓大廈，全是平房洋宅沿著山坡而建。1622年，荷軍與葡軍交戰，荷軍繞道松山時，被葡軍包圍而俘虜，當時松山附近建立了一個臨時收容所，用來安置這些俘虜，並利用他們修築城牆，因此後人稱這裡為「荷蘭園」。另外，也有一個說法是，當時有很多荷蘭商人聚集在此做小買賣，故名為「荷蘭園」。

澳門第一座主教座堂
望德聖母堂

➡ 搭乘巴士到「M144水坑尾街」下車後,沿荷蘭園大馬路步行,經瘋堂斜巷徒步約15分鐘後即達;或至「M270塔石體育館」下車後,步行約1分鐘即達 🕑 09:30～18:00 💲 免費

位於瘋堂斜巷的望德聖母堂雖然沒有列入世界遺產名錄之中,但地位與「聖老楞佐堂」及「聖安多尼堂」並駕齊驅。其實在主教座堂還沒有建立以前,望德聖母堂為天主教澳門教區成立後第一座主教座堂。

▲ 在澳門開埠不久就已經建立的望德聖母堂,至今已有400多年歷史

深具蘇州園林風韻之名園
盧廉若公園

澳門八景

➡ 搭乘巴士到「M76盧廉若公園」或「M77羅利老馬路」,下車即達 🕑 06:00～21:00 💲 免費

盧廉若公園是盧華紹之子盧廉若的後花園,其中以「春草堂」最出名,是當年用作接待訪客的地方。當中在春草堂左側有著一條「九曲橋」,可以欣賞到澳門唯一的水松,此外,九曲橋中最讓人驚歎的,就是每當盛季,這裡都會開滿荷花,景色相當漂亮。

▲「九曲橋」兩旁在荷花盛開的季節時相當漂亮

全澳第一個纜車系統
松山纜車

➡ 同東望洋炮台,於二龍喉公園入口處搭乘 🕑 08:00～18:00,週一公休 💲 成人單程,澳門幣2元;成人雙程,澳門幣3元;2～18歲及65歲以上雙程,澳門幣2元

▲ 開放的「防空洞隧道」建成於1931年,由葡萄牙軍人庫尼亞少尉設計和指揮建造

1997年落成的「松山纜車」,是世界上最短的纜車路線,單程只需1分20秒就可以完成了。雖然路程很短,不過省去徒步上山的麻煩,這纜車還是有它的價值所在。而纜車終點站是「松山市政公園」,必須沿著健康徑往上走,才能到達「東望洋燈塔」。

▲ 全世界最短的登山纜車

收藏國父在行醫時的物品
國父紀念館

➡ 搭乘巴士到「M76盧廉若公園」下車後，經飛良韶街，步行約2分鐘後即達；或至「M73得勝花園」下車後，步行約1分鐘即達 🕙 10:00～17:00，週二休館 💲 免費

建於1932年，是是國父元配——盧慕貞太夫人，晚年在澳門定居的地方，於1958年改為「澳門國父紀念館」。館內陳設大部分是國父在澳門行醫及在廣州出任大元帥時所用的家具和物品，還有一些國父遺墨真跡。館內的國父銅像是由日本著名雕刻家牧田祥哉設計以及雕刻，一共有4座，是抗戰時遷自中山縣孫中山故居。

▲ 澳門唯一飄揚著中華民國國旗的地方

▲ 國父紀念館是國父哲嗣孫科於1932年將故居建成現在的樣貌

重新翻整後成為當地藝文特區
瘋堂十號創意園、婆仔屋

➡ 同望德聖母堂 🕙 11:00～18:00 🌐 10fantasia.blogspot.tw

位於美珊枝街3號大樓的「瘋堂十號創意園」處處擺放著各種藝術品，裡頭也有販售各設計師的作品。而8號的「婆仔屋」，前身是仁慈堂專門收容戰後流離失所或未婚女性的收容所，後來成為專門收容女性的老人院，「婆仔屋」名稱因此而得名。

▲ 被荒廢的婆仔屋，經過文化學者的極力爭取下，2008年9月翻新成為一個藝術展覽場地

透過後人憶述與舊照來重現
葉挺故居

➡ 搭乘巴士至「M77羅利老馬路」下車後，步行約1.5分鐘即達 🕙 10:00～18:00，週三休館 💲 免費

中國人民解放軍創建人和傑出軍事家葉挺將軍，就是在這裡與家人度過了7年安逸且愉快的生活。第二大廳展出葉挺與家人在澳門的生活照片，當中大多為葉挺將軍在故居內親自拍攝，成為後人留住的珍貴回憶。

▲ 室內依然保留著當時的擺設

▲ 瑪利亞、聖安東尼、獅子、雙頭鷹與牡丹等圖案，是非常具有藝術價值與觀賞性

可俯瞰澳門全景與珠江口之處

東望洋炮台
（含東望洋燈塔及聖母雪地殿聖堂）

➡ 不論是搭乘巴士到「M84高士德／培正」下車後，往士多鳥拜斯大馬路步行約4分鐘至二龍喉公園，還是搭乘「M61二龍喉公園」下車，都需轉乘纜車，再沿松山健康徑步行約15分鐘即達 🕘 09:00～17:30 💲 免費 http www.marine.gov.mo ❓ 聖母雪地聖殿內禁止拍照與錄影(本書照片，是特別經許可後拍攝的)。另外每年7月中旬的海事及水務局日，逢週六～日，燈塔開放參觀，出發前可留意官網

　　東望洋炮台是懸掛颱風強度訊號的地方，而且地面位置之座標值，就是澳門於世界地圖上的地理定位。

　　燈塔側的小教堂名為「聖母雪地殿」，建於1622年，門前地上石碑所刻的古葡萄牙語，記載著1687年教堂司事的遺體葬於此處，裡頭主要是祀奉「雪地聖母(Nossa Senhorada Guia)」。

玩樂篇

荷蘭園、東望洋

▲ 每年7月的週六～日都能進入燈塔內部免費參觀

▲ 「東望洋燈塔」為中國海岸第一座現代燈塔，從1864年至今仍在使用

澳門最具文化特色的新地標
塔石廣場

➡ 搭乘巴士到「M75高美士中葡中學」或「M152塔石廣場」下車後，步行1分鐘即達 ◎ 全日開放 💲 免費

塔石廣場(Praça do Tap Seac)，原址是「塔石球場」，是澳門四大廣場之一，澳門政府拆卸原本的球場後，將「文化局」至「塔石藝文館」這段的荷蘭園大馬路整合成現今的塔石廣場。假日還有戶外活動在此展出。

廣場中最具代表的建築群，被稱為「八間屋」，就是現今的文化局大樓、塔石衛生中心、中央圖書館、澳門檔案館、塔石藝文館、澳門文學館、饒宗頤學藝館、澳門茶文化館，上述前5間已經成為廣場的一部分。

1.塔石廣場的行人徒步專用區，假日常有戶外的活動在此展出／**2.**塔石藝文館中的兩口古井，是澳門少有的景象

順遊八間屋

19世紀末至20世紀初，這裡興建了8座貴族式的住宅和學校，是澳門新古典主義風格影響下最有代表性的建築群，被稱為「八間屋」。

精采看點
塔石藝文館

◎ 10:00～19:00，週一休館 🌐 www.icm.gov.mo/cn/TapSiac

建於1920年的「塔石藝文館」，本身是澳門貴族的住宅，後來成為視覺藝術的展覽場地。

文化局大樓

塔石衛生中心

中央圖書館

澳門茶文化館

🕐 09:00～19:00，週一休館 🌐 www.iam.gov.mo/tea museum

展現澳門茶文化及中西方的茶情風貌，並說明新舊茶莊銷售茶葉種類之差異。

澳門檔案館

🕐 週一～五09:30～18:30；週六13:00～18:00；週日及澳門公眾假期休館 🌐 www.archives.gov.mo

成立於1952年，與藝文館相連，收藏澳門官方檔案、文史資料。館內更設有圖書館供民眾使用。

饒宗頤學藝館

🕐 10:00～18:00，週一休館 🌐 www.ajti.gov.mo

學藝館裡展示著名國學大師饒宗頤的相關的著作及圖錄。

澳門文學館

🕐 10:00～18:00，週一休館 🌐 www.clm.gov.mo

建於1920年代，原為公務員住宅，現分成不同空間供參觀人士觀賞使用。

北區

全澳門人口最密集的地方

　　從三盞燈往北延伸至望廈山及北區，範圍相當的廣大，包括筷子基、青洲、台山、望廈、黑沙環以及祐漢，這些地方全都是澳門人口最密集，車輛最多的地方，其中高士德大馬路更是澳門車流量最多、空氣最髒的道路之一。

　　除此之外，由於這裡是以住宅區為主，所以非常多吃的地方，而且價格也相當親民，是你晚餐或宵夜的最佳選擇。

過去常為官吏臨時駐節處
蓮峰廟

➡ 搭乘巴士到「M11拱形馬路／蓮峰廟」，下車後即達 🕒 06:30 ～18:00 💲 免費

蓮峰廟其實古名是天妃廟，由於廟內供奉了觀音與關帝，而寺名卻只有天妃，在文人墨客眼中覺得不妥，直到清嘉慶年間，香山知縣許乃來按西嶽華山廟的先例，手書門額「蓮峰廟」三字，從此天妃廟就改名為蓮峰廟。當年清朝欽差大臣「林則徐」與兩廣總督「鄧廷楨」，曾在蓮峰廟天後殿前的亭臺上接見葡萄牙理事官，並宣布嚴禁鴉片。

1.石上刻有葡國盾徽，並有1848字樣／2.蓮峰廟天後殿前的亭臺

提醒世人不忘毒品之害
林則徐紀念館

➡ 同蓮峰廟 🕒 09:00～17:00，週一休館 💲 澳門幣5元；8歲以下兒童或65歲以上長者，澳門幣3元

林則徐紀念館於1997年11月落成，在紀念館中，展示林則徐的生平、在澳門巡視的事跡記述，其中包括虎門銷煙、澳門昔日風貌等圖片。此外，還重現了1839年9月3日林則徐接見葡萄牙官員的情形。

▲ 重現當年與葡萄牙官員簽署禁菸令的情景

▲ 當時簽署禁菸令所用的桌子，自1839年保存至今

▲ 門前的石雕像是紀念林則徐在歷史上的重大事跡

在地民眾重要信仰中心
觀音古廟(觀音仔廟)、城隍廟

➡ 搭乘巴士到「M39澳廣視」下車後,往美副將大馬路步行,走約100公尺即達;或搭巴士到「M105望廈炮台」下車後,步行約50公尺即達 ◐ 06:00～21:00 ⑤ 免費

常常與普濟禪院(觀音堂)搞混的觀音古廟,規模雖然比不上普濟禪院(觀音堂)來得宏偉,但其實它的歷史更為悠久,據說在明朝中葉就已經建成。

隔壁城隍廟的創建,從廟內的「倡建城隍廟碑誌」內容可知,與當時澳葡政府實行殖民擴張,強行霸占望廈鄉土地有關。

▲ 倡建城隍廟碑誌說明城隍廟的歷史
◀ 觀音古廟和城隍廟是相連在一起的

東南亞美食的集中地
嘉路米耶圓形地

➡ 搭乘巴士到「M116亞利鴉架街」,下車後步行約1分鐘即達;或到「M91高士德／亞利鴉架街」,下車後,往後走右轉 ◐ 全日開放 ⑤ 免費

嘉路米耶圓形地(Rotunda de Carlos da Maia),又名「三盞燈」,是位於澳門聖安多尼堂區的一個圓形廣場,由此放射狀連接5條街道。由於東南亞華僑早期移民居住在這,開設了很多緬甸、越南等東

南亞美食餐廳,因此形成一個東南亞美食的集中地。而「三盞燈」的由來,其中一種說法是:廣場中間燈柱的4個燈泡其中一個壞了,只剩下3個燈泡,故而得名;另一種說法是燈柱3盞燈向下,1盞向上,導致視覺上有誤差。

中美望廈條約簽訂處

普濟禪院(觀音堂)

澳門八景

➡ 搭乘巴士到「M104觀音堂」,下車即達 ◷ 06:00～21:00;公園:08:00～17:00 ⑤ 免費

　　興建於明朝末年天啟年間(約1627年)的普濟禪院,另一別稱為「觀音堂」,是澳門三大禪院中規模宏大、歷史悠久、占地廣闊、建築雄偉的一家。門後有護法四大天王的石像,前面是香火鼎盛的大雄寶殿,而在花園前的石桌和石凳,正是1844年美國特使顧盛(Caleb Cushing)和清朝兩廣總督耆英在這邊簽訂不平等的「中美望廈條約」之處。另一看點就是一棵「連理樹」,古語云:「在天願做比翼鳥,在地願為連理枝」的連理樹就是它了,表示愛情堅貞不渝及至死不離之意。

▲ 大棵的連理枝多年前颱風來時已經倒了,只剩下這一棵小的

豆知識

望廈條約

　　《望廈條約》(又稱《中美五口貿易章程》、《中美望廈條約》)是美國與中國簽訂的第一個不平等條約。

　　1844年7月3日,美國特使顧盛(Caleb Cushing)和清朝兩廣總督耆英在澳門的望廈村簽訂《望廈條約》,共34款,附有「海關稅則」。從內容上與此前英國和中國簽署的《南京條約》相似,但比「南京條約要長且細緻得多,此外還包括了一系列《南京條約》中沒有的條例。

　　例如第17條規定美國人可以在5個條約港口購買地產來建教堂、醫院和墓地;第18條廢除了傳統上禁止外國人學中國話的命令;第21條規定美國人不受中國司法管轄,亦即享有治外法權。

　　在一點上美國對中國要求讓步:第33條明文規定禁止販賣鴉片。違反這個規定的美國人受中國司法機關判處。第34條規定所有貿易及海面各款恐不無稍有變通之處,應候12年後,兩國派員公平酌辦。這一條成為第二次鴉片戰爭中「修約之爭」的由來。

▲ 簽訂《中美望廈條約》當時所使用的花崗石桌和4張長石凳

嘉 模 巷

TRAVESSA DO CARMO

氹仔

曾為離島行政中心，是組成澳門的四大區域之一

氹仔(Taipa)是澳門的第二個島嶼，近年來路氹城的發展下，已經和路環、雞頸。原為一個獨立島嶼，別稱龍頭灣、潭仔，舊稱為龍環連成一體。

Taipa的由來，一種說法是氹仔被稱為「潭仔」，從閩南語音譯成葡文的「Taipa」唸法。另一種說法是，傳說當年葡人於氹仔登陸，向當地人詢問地名，因為葡語中Nome聽起來像廣東話的「糯米」，當地人以為在詢問會否有販售糯米，於是回答：有「大把」(即「大量」)，就此音譯就變成葡萄牙語的「Taipa」。只是傳說是真是假就不得而知了。

氹仔唯一的天主教堂
嘉模教堂&民事登記局

澳門八景

▶ 同龍環葡韻住宅博物館

　　嘉模教堂又稱「嘉模聖母堂」，當時是由氹仔駐軍司令官馬德提出要在氹仔興建教堂，以配合天主教傳教工作和為居住在氹仔的天主教徒提供宗教活動場所。

　　聖母堂對面的葡式建築物，前身是「嘉模圖書館」，現在已經變更為「民事登記局」，所以澳門人都會在聖母堂舉行婚禮，跟著就到對面民事登記局登記，之後就可以到下面的龍環葡韻住宅博物館前拍婚紗照。

嘉模教堂，米黃色前壁深具新古典建築風格 ▶

適合取景拍婚紗照之處
龍環葡韻住宅博物館

澳門八景

▶ 搭乘巴士到「T320氹仔官也街」下車，沿著跛腳梯往上，再沿著嘉路士米耶馬路一直走約10分鐘即達；若是從路氹城過來時，則可以使用「自動步行系統」步行過來 ◷ 10:00～19:00 (18:30後停止入場)，週一休館 ⑤ 免費

　　曾是離島高級官員的官邸亦是一些土生葡人家庭住宅，其中3幢現被改建為博物館，由西到東分別建成「土生葡人之家」、「海島之家」及「葡萄牙地區之家」，另外兩間分別是「展覽館」和「迎賓館」。

豆知識

龍環葡韻

　　「龍環葡韻」是澳門八景的其中之一，「龍環」是氹仔的舊稱，「葡韻」是指這裡葡萄牙的建築風格，又指氹仔海邊馬路一帶的景致。整個景點包括海邊馬路的5幢葡式住宅、嘉模聖母堂、十字花園、氹仔市政花園和氹仔市政圖書館。每年6月這裡更舉辦澳門荷花節活動，上千朵的荷花在濕地上綻放，景色相當迷人。

1.典型大宅的飯廳，桌上放置的是銅盤以及水晶杯，可想而知，主人很會享受／2.書房旁的客廳，放置著20世紀前的珍貴酸枝絲綢包面的安樂椅以及躺椅，可見當時這間屋子的主人很喜歡中國的東西／3.龍環葡韻住宅博物館是澳門極富代表性的景點之一

記錄當地生活變遷與面貌
路氹歷史館

➡ 1.搭乘輕軌到「排角站」,下車步行約3分鐘即達;2.搭乘巴士到「T321氹仔中葡小學」,下車即達 🕙 10:00～18:00(17:30後停止入場),週一休館 💲 成人,澳門幣5元;12歲以下及65歲以上,免費;週日免費 ❓ 1樓路氹考古展區內禁止拍照與錄影(本書照片,是特別經許可後拍攝的) 🌐 www4.icm.gov.mo/cotaimuseum

路氹歷史館中的「路氹考古展區」,是澳門特別行政區成立後首次考古發掘,在改建的過程中,發現比前身海島市政廳大樓還要更早的遺跡,館中的遺跡包括了房屋的基石、水渠以及紅磚地板,還有部分的葡式石仔道路,估計遺跡的時間約介於1851～1920年之間。

1.透明的地板展示出比前身海島市政廳大樓還要更早的遺跡／**2.**彩陶圈足盤是公元前4000年的文物

▲ 路氹歷史館是昔日離島的行政中心,現在已改為各種展覽區

澳門最早興建的廟宇
北帝古廟

➡ 同路氹歷史館 🕙 08:30～17:30

位於氹仔市區中心嘉妹前地的北帝古廟,是氹仔最古老的廟宇,裡頭供奉的是「北方真武玄天上帝」。據聞建廟至今已數百年,而廟內尚存一口道光二十四年(1844年)由信眾送贈的大鐘,這可是氹仔重要的文物之一。

▲ 每年農曆三月初三的北帝誕,氹仔坊眾都會舉行賀誕活動

讓路氹城與氹仔市區更方便往來
望德聖母灣自動步行系統

➡ 1.從威尼斯人的西翼出來往望德聖母灣大馬路方向走,通過行人天橋後就會看到自動步行系統;2.從龍環葡韻住宅博物館往望德聖母灣街方向走,經十字公園與嘉模聖母堂後,即可看到自動步行系統 🕙 全天開放

遊客可以自威尼斯人西翼,透過行人天橋輕鬆通過車速快且車流量極多的望德聖母灣大馬路後,就會來到澳門的首條自動步行系統,主要用來連接龍環葡韻與路氹城之間,是讓路氹城到氹仔市區更容易方便的工具。全程都採用頂蓋天橋,步行系統採用像機場內所使用的平面手扶梯,加上附近種植了許多植被及樹木,務求打造出一個適合民眾散步的好環境。

▲ 自動步行系統採用頂蓋天橋,所以就算下雨也不怕

為紀念澳門總督官也

官也街

➡️ 搭乘巴士到「T320氹仔官也街」，下車即達 🕐
10:00～22:00(店家營業時間)

　南與施督憲正街、告利雅施利華街成T
字型相匯，北與地堡街、消防局前地成T字
形相接，週日在消防局前地更有舉辦「氹
仔市集」，供遊客或居民來消費，是澳門
新興的著名景點之一。

　當中在官也街內，可以看到餅店與餐廳林
立，除了大家熟悉的「咀香園」、「鉅記」外，
還有百年歷史的「晃記」，以及以大菜糕及
榴槤雪糕聞名的「莫義記」。此外，還有多
間葡國餐廳(安東尼奧、山度士、木偶)與能
品嘗安德魯餅店馳名的葡式蛋塔。

1.晃記餅家／2.安東尼奧／3.莫義記／4.鉅記手信／5.安德魯／6.氹仔市集

見證澳門炮竹業百年歷史

益隆炮竹廠舊址遊徑

➡️ 搭乘巴士到「T319嘉模泳池」，下車即達 🕐 06:00～
19:00(展覽與文創禮品店10:00～19:00)，逢週三15:00
關閉，公眾假期照常開放

　位於氹仔的「益隆炮竹廠」具有近百年歷史，是
現時保存較為完整的炮竹工業遺址。遺址內遊徑
全長約400米，沿路可遊覽炮竹廠的漿引區、水道、
池塘、鑿炮房及貨倉等，

▲「煙硝迴響－澳門炮竹業歷史展」展出當年的藏品

路氹城

各式酒店度假村林立，表演秀五光十色讓人目不轉睛

路氹城 (Coloane-Taipa)，是氹仔與路環之間的填海區，原先只是一塊沼澤地，中間只有一條兩線道的陸橋連接氹仔以及路環。最重要的幹道為「路氹金光大道」，這同時也是一項大型旅遊建設項目的商標名稱，整個發展計畫主要以威尼斯人(澳門)股份有限公司發展項目為重點。2005年澳門威尼斯人連同7家世界知名酒店品牌於澳門金沙娛樂場舉行新聞發布會，正式宣布一個名為「路氹金光大道」的重點發展項目，之後路氹金光大道也正式名稱為「路氹連貫公路」。

玩樂篇

路氹城

極盡奢華的度假酒店

澳門銀河綜合度假村
(Galaxy Macau)

➡️ 1.搭乘輕軌到「排角站」，下車即達；2.搭乘巴士到「T364望德聖母灣馬路／軍營」(往黑沙方向)或搭至「T365排角／銀河」(往澳門方向)，下車後即達；或搭到「T420蓮花海濱大馬路／銀河-1」，下車步行即達 💲 免費(大堂) 🌐 www.galaxymacau.com(各表演、營業時間，請參照官網資訊) 🆔 21歲以下不能進入賭場

澳門銀河綜合度假村，位置比較靠近氹仔舊城區，是路氹城中第二大的度假村。當中「澳門銀河酒店」是澳門銀河3間五星級酒店中的自家獨立品牌，而「澳門悅榕莊」更是眾多澳門酒店中唯一擁有獨立花園和私人泳池的標準度假別墅區。

另外，2015年5月27日開幕的澳門銀河第二期及澳門百老匯，引進萬豪國際旗下酒店品牌，包括麗思卡爾頓酒店及JW萬豪酒店，並增設超過45間國際餐飲食肆。

精采看點1
運財銀鑽

➡️ 度假村大堂 🕐 24小時(每小時的整點)

由傑瑞米•賴爾頓(Jeremy Railton)所設計的「運財銀鑽」，是以孔雀羽毛為設計靈感，中央有一個高達3公尺的巨大「運財銀鑽」，璀璨巨鑽在音樂下，從水幕中央緩緩旋轉出現，隨即落在仿輪盤設計的噴水池中，寓意財來運轉。

精采看點2
如意晶彩

➡️ 巴士大堂 🕐 24小時

近購物大道東的「如意晶彩」，是由9組色彩炫麗的巨型水晶組成。如果你在水晶面前(感應器)揮舞雙手，就會各種吉祥的文字，而且在9款悠揚的樂曲聲中散發出各種繽紛奪目的光彩。

精采看點3
天浪淘園

➡️ 澳門銀河2樓 🕐 09:00～18:00 🆔 度假村房客免費，非房客可購買全日通門票(澳門幣468元起，包含一位成人及一位6歲或以下小童)

占地逾5萬平方公尺的「天浪淘園」，由長達150公尺的美麗沙灘採用350噸白色細沙鋪而成，擁有全球規模最大的空中衝浪池，能製造出高達1.5公尺的人工巨浪。

擁有全球最大型的水上匯演
新濠天地(City of Dreams)

➡ 1.搭乘輕軌到「路氹東站」，下車即達；2.搭乘巴士到「T375連貫公路／新濠天地」(往路環或九澳方向) 或「T400路氹東／新濠天地」；或搭至「T363連貫公路／威尼斯人」(往澳門方向)下車後，步行約2分鐘即達 💲 免費(大堂) 🌐 www.cityofdreamsmacau.com(各表演、營業時間，請參閱官網資訊) ⁉ 21歲以下不能進入賭場

　　新濠天地(City of Dreams)是澳門新濠博亞娛樂有限公司的旗艦計畫，包括娛樂設施、餐廳、購物商場、夜總會、酒店及娛樂場等多元化設施。最具特色莫過於就是「水舞間」和2018年開幕的「摩珀斯酒店」，由已故倫敦知名建築師札哈·哈蒂(Zaha Hadid)女爵士DBE設計的摩珀斯，是全球首間採用自由形態外骨骼結構的摩天大樓，大樓內設有多個不同建築結構，如兩條架空天橋、5種不同玻璃系統及非重複的雙曲面鋁製覆面。

貼心 小提醒
關注各酒店微信(WeChat)官方帳號

　　隨時關注各酒店的微信(WeChat)官方帳號，除了享有各項優惠外，有時候還會贈送表演活動的免費門票以及美食折扣券。

▲摩珀斯酒店(Morpheus)是2018年開幕的新酒店

行家密技 實用的博彩集團會員卡

　　建議大家在路氹城逛街時，一定要申請博彩集團的會員卡，好處不單是可以全部餐飲免10%服務費外(9折)，還能積點換消費禮券，更可以在尖峰時間搭乘接駁車(部分路線)，非常實用。而申請方法非常簡單，只需年滿21歲，並填寫申請表以及附上旅行證件就能免費申辦。

▲全澳最大的DFS也開設在新濠天地這裡

玩樂篇

路氹城

水舞間

➡️ 新濠大道1樓 🕐 週四～一17:00與20:00各一場，90分鐘，週二～三公休，場次隨時會更動，訂票前請先參考官網 🌐 thehouseofdancingwater.com(各表演、營業時間，請參照官網資訊) ℹ️ 不建議2歲以下兒童觀看；12歲或以下的兒童需由至少一位成人陪同方可入場。目前暫停公演，預計2024年底重新回歸

「水舞間」，是全球最大型及最壯觀之水上匯演，自開幕以來已成為來澳門必看表演之一，深得觀眾的高度讚賞，甚至大家認為太陽劇團的觀看人次不理想也是因為受到「水舞間」的影響。

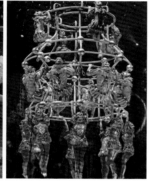

來自多於全球25個國家約80個國際匯演演員、以及約160個製作和技術人員組成的匯演，配以令人耳目一新的服飾以及無可比擬的視聽效果，並且由貝氏建築事務所度身訂造的Dancing Water Theater隆重公演，場館可容納約2,000名觀眾，劇院擁有270度環迴效果，表演時氣勢非常磅礡。

TheArsenale奢迷空間

🕐 11:00～23:00 💲 免費

於2019年7月26日進駐新濠天地的「奢迷空間」，是TheArsenale頭一個亞洲珍品展覽。旗艦店中展示超過40件非常罕見的產品，包括一級方程式賽車、私人訂製飛機、新型潛水艇、充滿傳奇故事的電單車和單車、電動滑板和藝術作品，當中還有Ujet、Geneinno、MV Agusta、Centauri、Viba為新濠天地設計的限量特別版。

由3條人造運河環繞的酒店

澳門威尼斯人(The Venetian Macao)

➡️1.搭乘輕軌到「路氹西站」，下車沿新城大馬路步行約5分鐘即達；2.搭乘巴士到「T375連貫公路／新濠天地」(往路環或九澳方向)；或搭到「T363連貫公路／威尼斯人」(往澳門方向)；或搭至「T394新大馬路／威尼斯人」，下車即達 💲 免費(大堂) http www.venetianmacao.com(各表演、營業時間，請參照官網資訊) ⁉️ 21歲以下不能進入賭場

　　澳門威尼斯人以「威尼斯水鄉」為主題，酒店到處都充滿威尼斯特色拱橋、小運河及石板路。內外更以「貢多拉運河」圍繞著。由於澳門威尼斯人的概念是源於拉斯維加斯威尼斯人度假村酒店，因

此里奧托橋、聖馬可鐘樓、聖馬可廣場、嘆息橋等都出現在澳門威尼斯人中。

▲澳門首間樂高專門店展示出澳門的名勝古蹟

瑰麗堂

➡️ 四大賭廳中央 🕐 全日開放 💲 免費

　　裝潢得美輪美奐，整個天花都是文藝復興的油畫，無論在那一個角度看上去，圖案都是不一樣的，簡直只能用巧奪天工來形容。

▲澳門威尼斯人占地1,050平方公尺，約有56個足球場大。

金光大道

➡️ 酒店東翼入口 🕐 全日開放 💲 免費

　　金光閃閃的渾天儀、巨型水晶燈以及文藝復興時期的油畫，閃亮的出現在你的眼前，尤其是通往賭場大廳的長廊，金碧輝煌，讓人無法相信怎麼會有那麼豪華的地方。

玩樂篇

路氹城

精采看點3

大運河購物中心

➡ 威尼斯人3樓 🕒 週日～四
10:00～23:00；週五～週六
10:00～00:00 💲 免費

純手工製作的天幕，讓
人永遠置身在這藍天白雲
中，被3條390呎的運河圍
繞著，四通八達，而且裡頭
還有超過350間的商店，就
算花一個下午都逛不完。

精采看點4

貢多拉之旅

🕒 室內12:00～20:00，室外12:15～20:00 💲 成人澳門幣145
元(週末及公眾假期澳門幣158元)，12歲以下兒童澳門幣115
元(週末及公眾假期澳門幣120元)，包船(4人乘坐)澳門幣
560元(週末及公眾假期澳門幣598元) ❓ 購票地點在威尼斯
人購物中心3樓，大運河購物中心貢多拉禮品店832號鋪或
是貢多拉商城891號鋪

3條500呎長的運河，環繞著3樓的大運河購物中
心，你可以購
買船票後坐
上特製的小
船，享受著義
大利籍船伕
的美妙歌聲，
來回船程約15
分鐘，如果有
空閒的時間，
不妨可以來一
趟這個特色
之旅。

精采看點5

teamLab超自然空間

➡ 金光會展F館 🕒 10:00～22:00 💲 成人澳門幣288元，3～
12歲澳門幣208元 🌐 www.teamlab.art/e/macao

2020年3月開幕的teamLab常設美術館，是澳門
路氹城藝術的新地標，占地5,000平方米，藝術團

隊把會展中
心的8米高空
間，改造成
一個複雜的
立體世界，
利用不斷變
化的裝置藝
術，呈現出一
個模糊了人
與作品之間
界線的「能
夠將身體完
全沉浸其中
的美術館」。

重現花都巴黎的魅力特色

澳門巴黎人(The Parisian Macao)

➡ 1.搭乘輕軌到「路氹西站」,下車沿路氹城大馬路步行約3分鐘即達;2.搭乘巴士到「T379連貫公路／巴黎人花園」(往路環或九澳方向)或「T376連貫公路／巴黎人」(往澳門方向),下車步行約1分鐘即達 🌐 hk.parisianmacao.com(各表演、營業時間,請參照官網資訊) 🚫 21歲以下不能進入賭場

精采看點!
巴黎鐵塔

🕐12:00～22:00(巴黎鐵塔)、18:15～00:00(鐵塔燈光秀／每15分鐘一次) 💲 巴黎鐵塔7樓免費;37樓門票:成人澳門幣70元,身高140公分或以下之兒童免費(每位成人最多可攜2名兒童)

巴黎人最大的特色,莫過於縮小版的巴黎鐵塔鐵塔。酒店的設計是以巴黎歌劇院為設計靈感,推開大門,看到的是法式建築的華麗大廳,大堂中央有海神噴泉(Fontanine de Mers)以及金色圓頂。另外巴黎人更有讓小朋友驚喜的水世界以及Q立方王國,等著你來體驗。

夜裡的巴黎鐵塔散放燈光秀,五光十色、繽紛燦爛。

▲ 酒店接待大堂,只能用華麗來形容

精采看點2
巴黎人花園

➡ 喜來登金沙城中心酒店旁 🕙 10:00～20:00 💲 免費

　　綠草如茵的巴黎人花園，是欣賞巴黎鐵塔最佳的位置，也是網美們拍照的好地方。

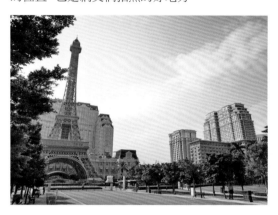

精采看點3
愛情鎖橋

➡ 巴黎鐵塔7樓 🕙 12:00～22:00

　　澳門巴黎人也有一個猶如塞納河般的愛情鎖橋，見證著無數情侶的海誓山盟。

精采看點4
酒店大堂

🕙 全日開放 💲 免費

　　大堂上的金色圓頂，可是參照巴黎第七區榮軍院(L'Hotel National des Invalides)興建而成。

精采看點5
海神噴泉

🕙 全日開放 💲 免費

　　海神噴泉(Fontanine de Mers)，這是參照巴黎市中心協和廣場的海神噴泉建造而成。

宛若置身花海般的花藝盛宴

永利皇宮(Wynn Palace)

➡1.搭乘輕軌到「路氹東站」，下車即達；2.搭乘巴士到「T399
路氹東／永利皇宮」或「T400路氹東／新濠天地」，或
「T407霍英東馬路／永利皇宮」，下車即達 $ 免費(大堂) http
www.wynnpalace.com(各表演、營業時間，請參照官網資
訊) ⁉ 21歲以下不能進入賭場

　　永利皇宮除了有精采的表演湖之外，還有澳門
首個環湖的觀光纜車，讓你可以用不同的角度，
欣賞表演湖炫目的表演。此外，還有以鮮花創作
的創意花藝布置，當中最矚目的是由花藝設計師
普雷斯頓・貝利(Preston Bailey)專為永利皇宮所
創作的大型花卉雕塑。

▲永利皇宮內展示出一系列史提芬永利珍藏多年的中國藝術
　珍品

▲ 花藝設計師普雷斯頓・貝利的花藝設計創作

表演湖

© 12:00～00:00，每20分鐘一次

　　音樂與水柱舞動的完美結合，讓你沉醉在變幻的水波與旋律中。

觀光纜車

© 搭乘時間：10:00～00:00(最後搭乘時間23:00) $ 免費

　　坐上纜車，可以讓你盡情飽覽表演湖的璀璨景色。

藝術館

➡ 永利皇宮1樓 © 10:00～22:00 $ 免費

　　位於1樓的藝術館，定期展出國內外知名藝術家的創作作品，同時也可以利用APP來導覽展品的詳情及位置。

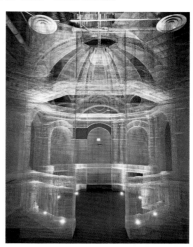

創意花藝布置

➡ 酒店南庭園大堂、北庭園大堂 © 24小時 $ 免費

　　以繁花百態作為設計的靈魂，當中最矚目的看點，要數知名花藝設計師Preston Bailey專為永利皇宮所創作的大型花卉雕塑，引發眾人無數讚賞。

英國倫敦主題綜合度假村
澳門倫敦人(The Londoner Macao)

➡️ 1.搭乘輕軌到「路氹東站」，下車沿順榮大馬路步行約5分鐘即達；2.搭乘巴士到「T380連貫公路／倫敦人」(往路環或九澳方向)，下車即達；或搭至「T376連貫公路／巴黎人」(往澳門方向)，過馬路即達 💲 免費(大堂) 🌐 hk. londonermacao.com(各表演、營業時間，請參照官網資訊) ❓ 21歲以下不能進入賭場

設計靈感源自西敏宮(Palace of Westminster)及國會大廈(Houses of Parliament)作設計藍圖，門口有96公尺高的伊莉莎白塔(Elizabeth Tower)及特別設計的鐘面，大堂更是參照倫敦克拉里奇酒店及皇宮酒店而興建了水晶金殿。除此之外，在澳門倫敦人內外都有多個地標以及打卡點等著你去探索。

▲假日的邱吉爾餐廳有推出奇幻仙境下午茶，可以跟愛麗絲、紅心皇后等人物互動及拍照

▲日與夜的倫敦人感覺截然不同

精采看點

倫敦人地標

✉️ 澳門倫敦人室內與戶外 🕐 24小時 💲 免費

在澳門倫敦人的室內與戶外有超過10個以上地標，例如：伊利莎白塔、澳門倫敦人外牆、水晶金殿、莎士比亞大廳、1966年原版倫敦巴士、唐寧街10號等，都是鏡頭必須收錄下來的。

精采看點2 倫敦人打卡點

➡ 澳門倫敦人室內 🕐 24小時 💲 免費

在澳門倫敦人裡面，各處都有很多經典的打卡點，例如倫敦人奇妙小巷、搖滾巨星大道、倫敦探索的士、英倫茶敘、奇幻雙層巴士，讓你在逛街之餘，處處得到驚喜。

精采看點3 皇家衛兵換崗

➡ 大堂水晶金殿 🕐 10:30～19:00 💲 週二～四18:00、20:30，週五～日16:00、18:00、20:30(週一休息)

重現白金漢宮皇家衛兵換崗儀式盛況，震撼視覺特效及專屬音樂，配合3個樓層12個移動LED螢幕的衛兵影像，再加上超過20位表演者的精采表演，展現出一個全新的皇家衛兵換崗儀式。

▲現場超過20位的表演者搭配特效的精采演出

精采看點4 倫敦人光效匯演

➡ 澳門倫敦人外牆 🕐 19:30～23:30，每小時一次 💲 免費

動用超過1萬盞燈打造的動感炫目光效，再結合不同的英國主題音樂，如占士邦系列電影《金鋼鑽》(Diamond are Forever)的主題曲、披頭四樂隊的《Twist and Shout》以及羅比·威廉斯的《Let Me Entertain You》等，絕對不能錯過。

▲晚上的倫敦人外牆，每小時都有光效匯演的表演

精采看點5 哈利·波特：展覽

➡ 澳門倫敦人3樓 🕐 11:00～19:00 💲 成人澳門幣218元(假日澳門幣268元)，3～12歲澳門幣168元(假日澳門幣208元)

2023年12月15日登陸澳門倫敦人的「哈利·波特™：展覽」，

▲亞太區首個「哈利·波特™：展覽」(圖片提供／澳門倫敦人)

展現出《哈利·波特》系列電影和魔法世界中的重大時刻、故事人物、場景布置和怪獸。讓訪客近距離觀看原創服裝，道具等展品，另外還有互動式故事可供體驗。

身歷其境於電影場景之中

新濠影滙(Studio City Macau)

▶1.搭乘輕軌到「蓮花站」，下車即達；2.搭乘巴士到「T359蓮花圓形地」(往路環或九澳方向)，下車後步行約2分鐘即達；或到「T360連貫公路／新濠影滙」，或「T372蓮花路／新濠影滙」，下車即達 🌐 www.studiocity-macau.com(各表演、營業時間，請參照官網資訊) ⁉ 21歲以下不能進入賭場

　　這裡設置全球最高、名為「影滙之星」的8字型摩天輪、全澳門最大的跨時代主題 樂園，以及全澳唯一全天候恆溫的室內水上樂園。

▼ 晚上的新濠影滙更加的美豔動人

影滙之星

▶ 東翼3樓 🕐 14:00～21:00(週二、三休息) 💲 澳門幣100元，2歲以下免費

　　高達130公尺，是全球最高的8字形摩天輪，概念來自於電影蝙蝠俠中「高譚市」的探射燈。

💗 貼心 小提醒

留意空拍管制

　　澳門很多地方是禁止空拍的，例如：世界遺產、軍事設施、政府部門、跨海大橋、輕軌軌道、機場周邊等，而且大部分空拍限高150公尺，路氹城各酒店的上空更是不能直接飛越。

🌐 www.kahnmacau.com/dji-drone.html

💗 貼心 小提醒

勿任意穿越馬路或站在馬路中拍照

　　根據澳門道路交通法規定，行人應在有適當交通號誌或斑馬線上過馬路，違者可被罰款澳門幣300元。另外，千萬不要站在馬路中拍照打卡，違者同樣可被罰款澳門幣300元。

精采看點2

傳奇英雄科技城

➡ 東翼2樓 🕐 12:00～21:00 💲 12:00～21:00 💲 澳門幣430元(2小時任玩)，多人密室逃脫澳門幣250元(單人)

　　全澳最大的高科技電子體育娛樂主題樂園，裡頭共有四大主題區(皇牌呈獻、VR競技場、多人密室逃脫、遊戲城)，可體驗虛擬實境(Virtual Reality，VR)、擴增實境(Augmented Reality，AR)、全息圖、運動追蹤、映射投影、4D超立體巨幕、電玩、體育娛樂等等，超過60多款遊戲。

精采看點3

水上樂園

➡ 新濠影滙3樓 🕐 12:00～20:00(室外區冬天關閉) 💲 成人澳門幣468元，小童門票(91～109公分)澳門幣320元

　　全澳唯一室內全年恆溫30度全天候水上樂園，室內區全年開放。

水上樂園分為室內及室外兩大區域▼▶

中西文化完美融合的藝術風格

澳門葡京人(Lisboeta Macau)

➡️搭乘輕軌到「東亞運站」;2.搭乘巴士到「T435溜冰路╱葡京人」或「T436溜冰路╱東亞運體育館」,步行約5分鐘即達 http www.lisboetamacau.com

　　2021年開幕,以澳門的舊風貌為設計靈感,度假村劃分為兩個主題區域,分別是「懷舊澳門」和「未來澳門」。此外,葡京人綜合度假村的酒店將設有3個酒店品牌:葡京人酒店、歐舒丹主題酒店、LINE FRIENDS PRESENTS CASA DE AMIGO主題酒店。

▼「LINE FRIENDS澳門主題酒店」是全球首間整座由LINE FRIENDS設計的主題酒店

▲有「BROWN主題房」,「CONY主題房」和「LINE FRIENDS主題房」可供選擇

精采看點!

LINE人物擺設、
BROWN & FRIENDS CAFÉ & BISTRO

➡️ 咖啡廳:H853 Fun Factory、娛樂廠2樓 🕐 大廳24小時;咖啡廳:週日～四11:00～21:00,週五～六11:00～21:00

　　除了酒店的LINE主題客房外,大廳以及戶外區也有擺放大型的LINE人物公仔。此外更新開設了LINE主題的咖啡廳。

玩樂篇

路氹城

精采看點2

GOAIRBORNE室內跳傘

➡ H853 Fun Factory娛樂廠1樓R99舖 ◷ 09:45～
22:00 💲 新手試飛套票(90～120分鐘)澳門幣799元，提前
預約澳門幣599元

　　澳門首家室內
跳傘中心，感受
猶如從12,000呎
高空躍下、直衝
至3,000呎時所帶
來的無比刺激超
真實飛行體驗。

精采看點3

澳門飛索

➡ 懷舊澳門區R89、R100舖 ◷ 週四～一14:00～22:00
💲 標準門票澳門幣388元

　　亞太區首個城市高空滑
索景點，擁有世界排名第
三逾388公尺長的滑索，
起點設於懷舊澳門區內一
座特別建造的60公尺高塔
上，擁有5條滑索能5名乘
客同時飛行，感受時速高
達55公里的滑行快感。

以澳門為主題的飯店與樂園

澳門上葡京綜合度假村(Grand Lisboa Palace Resort Macau)

➡ 搭乘輕軌到「東亞運站」；2.搭乘巴士到「T435溜冰路／葡
京人」或「T436溜冰路／東亞運體育館」，步行約5分鐘即達
http www.grandlisboapalace.com

　　2021年開幕的「上葡京」，當中包括上葡京酒店、
澳門Palazzo Versace酒店及Karl Lagerfeld酒店等3
間酒店，共約1,900間客房，還有中國免稅首間澳門
旗艦店以及第二間的新八佰伴百貨。此外，度假村
裡還有一個以巴洛克建築風格與自然景觀的綠茵
勝境花園，讓你能拍出各種美照。

精采看點1

綠茵勝境花園

➡ 度假村3樓 ◷ 08:30～22:00 💲 免費

　　占地1,000平方公尺的綠茵勝境花園，巴洛克風
格的花園、樹籬迷宮、高雅秀麗的亭台、歐式石柱
走廊等特色設計，除了可以在這裡拍照外，亦是
提供各式私人、商務、婚禮慶典、休閒的酒會派對
等活動的戶外場地。

精采看點2

藝術藏品

➡ 東、西翼大堂 ◷ 24小時 💲 免費

　　在度假村各處，擺放著本地及各國的藝術收藏
品，當中也有許多Palazzo Versace的藝術飾物，以及
Karl Lagerfeld親手設計的傑作。

珠寶盒般瑰麗炫目的調塑建築
美獅美高梅(MGM Cotai)

➡1.搭乘輕軌到「路氹東站」，下車即達；2.搭乘巴士到「T399路氹東／永利皇宮」或「T400路氹東／新濠天地」，或「T407霍英東馬路／永利皇宮」，下車即達 💲免費(大堂) http www.mgm.mo (各表演、營業時間，請參照官網資訊) ⏱21歲以下不能進入賭場

　以澳門美高梅標誌性的3層式塔樓結構作為基礎，每座猶如「珠寶盒」的塔樓層層疊成一棟現代雕塑建築。占地超過400萬平方尺，提供近1,400間客房和多元化設施，包括亞洲首個動感劇院、視博廣場、餐廳、零售和家庭設施，以及美高梅首間國際酒店別墅「雍華府」，為賓客提供極致豪華體驗。此外酒店還有提供每日4場、3種語言(廣東話、國語、英文)的免費藝術導覽，專人講解所有藝術品的歷史背景。

3

1

2

1.中國裝飾花紋修飾外牆，呈現出中國珠寶盒瑰麗和明亮的意象。／2.視博廣場以六大主題呈現在25個LED屏幕上，是全球面積最大的室內永久LED屏幕。／3.高11米，重38噸的金獅像，由約三萬二千張24K金箔鋪砌而成，是首個蓋以24K金箔的美高梅獅子雕塑／4.「美獅美高梅藝術收藏」的300件藏品中，最受矚目的是乾隆時期的御製龍紋地毯《龍翔九天》。

💗 貼心 小提醒

賭場要小心詐騙集團

　賭場內常出現詐騙集團喬裝為賭客，穿梭在賭客身邊，最常出現的手法是提供免費賭場會員會籍、客房住宿、來回船票等，甚至還提供小額的免費籌碼來誘惑貪小便宜的賭客。還會口頭以零利息的賭本借給需要的賭客，說贏了只需給他佣金，輸了只需分期還本金即可，還請你吃吃喝喝，跟你搏感情，最後在你簽下本票才發現金額跟原本完全不同，甚至護照還會被沒收及被軟禁起來。所以記得小賭可怡情，但切勿有貪小便宜的心態。

為親子設計的
澳門兒童遊樂場

林茂兒童遊樂場

集綜合康體和兒童遊樂於一身的臨時休憩區，更設有澳門半島首個戶外沙池。

➡️ 搭乘巴士到「M126林茂／信譽灣畔」或「M128林茂／澳門遊艇會」，下車即達 🕒 **健身區全日，自由波地07:00～23:00，兒童遊戲區、沙池遊樂區、滾軸溜冰場及多功能廣場07:00～22:00**

觀音像海濱休憩區

由科學館至觀音像的沿岸，設有兒童遊樂區、步行徑、茶座、多功能球場、健身康樂區、門球場、滾軸溜冰場等休閒康樂空間。

➡️ 搭乘巴士到「M257新口岸／文化中心」，下車即達 🕒 全日；**兒童遊戲區、門球場、滾軸溜冰場及多功能球場07:00～23:00；兒童碰碰車場週一～五15:00～21:00，週六、日及公眾假期09:00～22:00**

二龍喉公園兒童遊樂場

以自然叢林探險作為主題，位於魯彌士主教幼稚園旁邊，場內鋪設無縫安全地墊，正中央是木屋滑梯組合與蜂巢滑梯等豐富多樣的設施。

➡️ 搭乘巴士到「M84高士德／培正」下車後，往士多鳥拜斯大馬路，步行約4分鐘至二龍喉公園，或「M61二龍喉公園」下車即達 🕒 幼稚園教學活動以外的時間開放

親子一同歡樂的 遊樂天地

澳門近年來非常重視親子旅遊，因此在路氹城每家大型的酒店裡，現在都設置專為小朋友的遊戲設施，無論從室內到室外，應有盡有。

憤怒鳥遊樂中心

澳門第一個以憤怒鳥為主題的娛樂中心，占地6,000平方公尺的遊樂空間，以電影場景為設計靈感，裡頭共有6大主題玩樂讓小朋友去探索。

➡ 十六浦度假村3樓 ⏰ 13:00～20:00 ☎ (853) 8861-6565 💲 **全日票：** 平日澳門幣180元，含成人和小童各1名；假日澳門幣200元，含成人和小童各1名；**2小時門票：** 平日澳門幣110元，含成人和小童各1名；假日澳門幣130元，含成人和小童各1名 🌐 www.ponte16.com.mo/tc/funandleisure/angrybirds

水世界

水世界中央的飛艇信天翁號(Albatross)，是以朱爾•凡爾納(Jules Gabriel Verne)1886年的小說作品《征服者羅比爾》中同名船而命名，裡頭有水槍、攀爬網、搖擺木橋和兩條約一層樓高的水上滑梯。

➡ 巴黎人6樓 ☎ (853)8111-1268 ⏰ 10:00～18:00(4～11月) 💲 澳門幣160元(大人小孩同價、不限時)

Q立方王國

以太空為主題而設計的Q立方王國，可以讓小朋友好好來探險這個太空的旅程，另外室外還有一個以城堡主題的大型攀爬遊戲區，以及一個無論是大人或小朋友都能得到療癒效果的旋轉木馬。

➡ 巴黎人6樓 🅒
11:00～19:00
💲 週一～五：澳
門幣140／2小
時／每位小童，
週六～日、公眾
假期及暑假：澳
門幣160／2小
時／每位小童 ❓
大人和小朋友必
須穿襪子

歷險Q立方

歷險Q立方是威尼斯人內的兒童樂園，除了驚險又刺激的沖天梯及彩虹梯，還有超大型的氣墊彈力冒險城堡，以及免費的電玩遊戲，當然這裡也可以為小朋友舉辦大型的生日Party，讓小朋友玩得開心，流連忘返。

➡搭乘南翼套房電梯至5樓(酒店住客入口)；大運河購物中心3樓，大運河街957號舖旁樓梯直上(訪客入口) 🅒 11:00～19:00 💲 週一～五：澳門幣130／2小時／每位小童，週六～日、公眾假期及暑假：澳門幣150／2小時／每位小童 ❓ 大人和小朋友必須穿襪子

大潭山滑草場

欣賞日出日落、鷺鳥歸巢、飛機升降而聞名的大潭山，設有瞭望台、觀景亭、兒童遊樂區、燒烤區、圓形廣場、綠蔭長廊、中華民族雕塑園展覽館、人造滑草場和大潭山步行徑，集休憩、健身、環保、教育及陶冶性情等多重功能，是市民享受森林浴，回歸大自然，豐富休閒生活的好去處。

✉ 大潭山郊野公園 ➡ 從機場到對面金皇冠中國大酒店9樓，沿斜坡往上走至大潭山郊野公園，步行約15分鐘即達 🅒 週二～五14:00～17:00，週六、日及公眾假期09:00～12:00、13:30～17:00，週一不對外開放以進行場所保養，如週一為公眾假期則照常開放，順延一日休息

◀ 大潭山滑草場是親子同遊的好去處

蜂狂天地

　　占地約10,000呎，其中包括7,000呎的電子遊戲區及3,000呎的兒童樂園。電子遊戲區款式包羅萬有，包括賽車、籃球機、跳舞機、射擊遊戲、推幣遊戲、夾娃娃機等，適合不同年齡的玩家，另一邊的兒童樂園內，小朋友可以暢玩滑梯、波波池及互動投影屏，也可以與同伴一起攀爬彈跳、小型超級市場及角色扮演。

➡ 葡京人H853 Fun Factory娛樂廠2樓R92 AB舖 ⏰ 10:00～21:00 💲 週一～五澳門幣100／2小時／含成人和小童各1名，週六～日、公眾假期及暑假：澳門幣130／2小時／含成人和小童各1名 ⁉ 大人和小朋友必須穿襪子

(圖片提供／小企鵝生活趣)

JW兒童樂園

　　占地800平方公尺的JW兒童樂園，同樣擁有小朋友喜愛的攀爬和充氣城堡。另外，還頭還有多種付費的大型電玩及手工藝活動。

➡ JW萬豪酒店3樓 📞 (853)8886-6131 ⏰ 11:00～19:00 💲 澳門幣180元(3小時)，含成人及17歲以下兒童各1名 ⁉ 大人和小朋友必須穿襪子

童夢天地

　　童夢天地裡頭總共分為4個區域，除了有給小朋友玩的球池以及小溜滑梯外，還有可以激發小朋友藝術潛能的地方。最刺激的莫過於就是「衝天迴旋」巨型滑梯。

➡ 新濠天地3樓 📞 (853)8868-3000 ⏰ 10:30、11:30、12:30、13:30、14:30、15:30、16:30、17:00(週二及三休息) 💲 週一、二、五：澳門幣150／2小時／含成人和小童各1名，週六～日、公眾假期及暑假：澳門幣150／2小時／含成人和小童各1名 ⁉ 大人和小朋友必須穿襪子

路環

環境清新幽靜，保有自然風光

　　這裡是澳門最南端的半島，也是澳門唯一綠地最多的地方，沒有高樓大廈的林立，沒有人潮的喧嘩，到處都是別墅，空氣清新。路環原本是一個獨立的島嶼，直至1969年，才有連接氹仔與路環的連貫公路建成，不過現在因為路氹城發展的緣故，路環已經和氹仔連成一體了。於疊石塘山頂的「媽祖石雕像」是路環的制高點，只要站在雕像前，就可以遠眺整個路氹城的美景。

韓劇與港劇取景所在地
聖方濟各教堂

➡ 搭乘巴士到「C660路環居民大會堂」或是「C659路環街市」下車後,往恩尼斯總統前地方向走至中街路口,左轉進入中街再步行約50公尺即達 ◷ 10:00～18:00

　　為了紀念耶穌會西班牙傳教士聖方濟各·沙勿略(Sao Francisco Xavier)而改建的教堂,教堂內因曾收藏過該傳教士的遺骸及1835年大三巴聖堂火災後59位日本籍及14位越南籍死者的部分骸骨而聞名。遺骨現已移到大三巴牌坊後的天主教藝術博物館內。現在側堂存放的都是一些天主教有關的聖物以及聖方濟各的畫像。

豆知識
教堂是熱門戲劇取景地

　　不說你不知道,這座繽紛亮麗的教堂,可是許多電影、電視劇來取景的地方。像是電影《游龍戲鳳》,劉德華就是在此向舒淇求婚的,韓劇《宮·野蠻王妃》也有在此拍攝。

　　此外,教堂內原本有一銀色骨箱,自1978年起移入,箱內盛載著聖方濟各的手環聖鐲,現收藏在聖若瑟修院聖堂。

1.黃色的外牆,上面還寫有天主堂的中國文字,相當特別／2.掛在側堂牆壁上,有一幅懷抱嬰孩的中國化聖母,是中西文化交融的證明

優雅的單層葡式建築
路環圖書館

➡ 同聖方濟各教堂,沿教堂前方的十月初五馬路左轉,步行約50公尺即達 ◷ 週一～六13:00～19:00,週日休館 💲 免費
http www.library.gov.mo

　　1911年建成的路環圖書館,前身是「路環公局市立學校」,是當時離島3間小學之一,後來幾經用途,直至1983年被改建為圖書館。

▲ 路環圖書館是韓劇《宮·野蠻王妃》取景的場景之一

體驗不一樣的飆風快感
路環小型賽車場

➡ 搭乘巴士到「C650石排灣馬路」(往路環或黑沙方向);或搭乘「C651路環小型賽車場」(往澳門方向),下車即達 ⊙ 週二、四14:00～19:00;週三、五14:00～18:00;週六13:00～19:00;週日11:00～19:00;週一休館 💲 15分鐘澳門幣180元(開放時間結束前30分鐘停止向公眾售票) http www.macaotourism.gov.mo (主頁→觀光購物→娛樂消閒→康樂體育→小型賽車)

　　澳門每年都會舉辦格蘭披治大賽車。若你也想像賽車手一樣,嘗試開賽車的感覺,不妨到澳門路環石排灣的小型賽車場體驗一下!

　　賽車場占地約50,000平方公尺,是澳門唯一室外小型賽車場。全長1.2公里的賽道,寬度為10公尺,跑道內設有10個彎位,可是國際認可之A級跑道。而每個彎位都具有不同之刺激程度,可以讓你大展身手,感受速度的快感。

▲ 教練的一聲令下,就可以邁向極速快感的旅程囉

昔日保佑漁民平安豐收
觀音古廟

➡ 同聖方濟各教堂,到教堂後再往前走約100公尺到底的水泉公地即達 ⊙ 09:00～18:00 💲 免費

　　路環最古老的廟宇之一,建於嘉慶五年(1800年),廟內供奉的是觀音菩薩,是路環地區小型廟宇之一。

◀ 隱身在小巷中的觀音古廟,遊客總是會擦身而過

俗稱金花廟
三聖宮

澳門新人嬌

➡ 搭乘巴士到「C660路環居民大會堂」或是「C659路環街市」,下車後,往恩尼斯總統前地方向走至水鴨街後,右轉進入水鴨街,經玫瑰巷到船人街後即達 ⊙ 09:00～18:00 💲 免費

　　建於清同治四年(1865年)的三聖宮,裡頭供奉著金花娘娘、觀音菩薩以及華光先師,廟內掛有一個具有歷史價值的銅牌古鐘,是鎮廟之寶。

▲ 每年農曆4月17日是金花娘娘誕,廟方會舉辦一系列的祈福儀式

集文化藝術於一體的閩南古建築

媽祖文化村

中葡友好紀念物

➡ 搭乘巴士到「C655石排灣郊野公園」或「C654聯生圓形地」下車後，走至路環石排灣馬路和路環高頂馬路交接處的石牌坊搭免費接駁車前往 🕐 09:00～18:00 💲 免費 🌐 www.a-ma.org.mo ⓘ 石牌坊與天后宮之間有免費接駁車來回，石牌坊至天后宮08:45～17:30；天后宮至石牌坊09:15～17:45

　　占地約6,900平方公尺的天后宮廣場，都按照媽祖廟傳統規制進行布置，而山下的牌坊拱身以大型透雕龍柱、對聯、牌匾和小堵吉祥圖案浮雕等作裝飾，圓拱正背面和字區處，雕有東海救父兄、天后救糧船、天后收二怪、天后大洋救柴山、媽祖出巡、鄭和下西洋和歌舞昇平等媽祖的故事。

1.澳門媽祖文化村石牌坊／2.階梯中間嵌有大幅青石浮雕的雙麒麟、雙獅戲球、虎嘯圖、五鶴同喜、雙鳳朝牡丹、雙龍戲珠等吉祥圖案／3.天后宮主殿內梁柱間的大部分彩繪以媽祖故事為主題／4.中葡友好紀念物中的「媽祖石雕像」，就是位於疊石塘山頂的澳門媽祖文化村中，是目前世界上最高的漢白玉媽祖像

擁有三百多年歷史的廟宇

天后古廟

➡ 同聖方濟各教堂，到教堂後再往前走，經水泉公地、船鋪街、國民巷、國民馬路後即達 🕐 07:00～23:00 💲 免費

　　建於清康熙十六年(1677年)的天后古廟，雖然沒有媽閣廟的規模來得大，卻是路環最大型和歷史最悠久的廟宇。除了供奉天后之外，還供奉關帝聖君、財帛星君、魯班、華佗等諸神。

▲路環居民大多以捕魚為生，天后古廟是當地人民重要信仰的地方

迷倒大小朋友的可愛小動物
大熊貓館

➡ 搭乘巴士到「C655石排灣郊野公園」或「C654聯生圓形地」，下車後，步行進入園內，經土地暨自然博物館後抵達，約走7分鐘 🕐 10:00～13:00、14:00～17:00(最後入館時間為16:45)，週一休館 💲 免費 http macaupanda.iam.gov.mo

▲ 大熊貓館，就是位於路環石排灣郊野公園內

每次參觀時間為1小時，可以欣賞到熊貓家族(開開、心心、健健、康康)的可愛模樣，整個建築利用現有的地形結合建築的特性進行設計，依山而建，設有室內及室外的活動區，同時加入水池、攀爬木等大熊貓玩樂設施。室內場地更特別設有一組自動製冷的人造仿石，讓大熊貓在炎熱天氣下可消暑降溫。

▲ 這裡不用人擠人，就可以輕鬆欣賞到熊貓的可愛模樣

熊貓快拍

庇祐漁民平安的水神

譚僊聖廟(譚公廟)

➡️ 同聖方濟各教堂，沿教堂前方的十月初五馬路步行約5分鐘即達 🕐 07:00～18:00 💲 免費

建於清同治元年(1862年)的譚公廟，大規模重修了3次，現在規模的廟堂橫連3間，左右各有涼亭。廟宇內外都有精緻的

▲ 用鯨魚骨做的龍舟模型

壁畫和雕塑，廟前更安放護法石獅一對，是路環香火最鼎盛的廟宇。鎮廟之寶──鯨骨龍舟，裝配有木製的龍頭、龍尾、錦旗、羅傘、鑼鼓、梢公及撓手等，據說摸過龍舟後會帶來好運。

因海灘沙粒呈獨特黑色聞名

黑沙海灘、龍爪角

➡️ **黑沙海灘**：搭乘巴士到「C669黑沙海灘」即達；**龍爪角**：搭乘巴士到「C680海蘭花園／蘭苑」，沿黑沙水上活動中心海濱步行約5分鐘即達 🕐 全日開放 💲 免費

黑沙海灘可是五、六年級澳門人的童年，呈半月形的黑沙海灘，岸邊曾發掘出4千多年前的陶製品，顯示澳門當時就已經有先民在這裡活動。此外，在黑沙海灘旁的「龍爪角」，上面有一組怪石群，其中以「龍爪石」、「猿人石」最為特別。

▲ 黑沙海灘是澳門著名的天然海水浴場

☕ 豆知識

黑沙海灘上的黑沙

據說由於以前這邊住的都是葡萄牙的達官貴人，他們從國外把一噸一噸的黑色細沙運到這裡，把細沙鋪在沙灘上而成。不過當然是謠言囉！其實黑色的細沙是由於海洋特定環境形成的黑色次生礦海綠石所致，受到海流影響，被搬至近岸，再經風浪攜帶到海灘的。

海陸給合的新旅遊路線
澳門海上遊

➡ 路環碼頭、媽閣碼頭 🕐 **媽閣往路環**：14:00、15:00、16:00、17:00(週五～日)；**路環往媽閣**：14:30、15:30、16:30、17:30(週五～日) 💲 澳門幣60元 🌐 www.macaucruise.com

▲25分鐘的海上遊，能讓你感受不一樣的澳門風情

來往媽閣碼頭及路環碼頭，約25分鐘的澳門海上遊，可以欣賞到澳門海事博物館、西灣大橋、澳門旅遊塔、路氹城酒店群、路氹城生態保護區、荔枝碗船廠片區，煙火匯演時段還有推出煙花的特別團。

造船業為主題的文化活動空間
荔枝碗船廠片區

➡ 搭乘巴士到「C657路環警察訓練營-1」或「C656路環警察訓練營-2」下車後，步行約10分鐘即達 🕐 全日開放 💲 免費 🌐 www.icm.gov.mo/cn/Laichivun

荔枝碗船廠片區占地逾3,000平方公尺，是以本地造船業為主題的遊憩文化活動空間。現場設有專題展覽、特色市集、即興藝術體驗區及「藝遊人」展演空間等，可從中了解澳門造船業的發展歷史，探尋專屬荔枝碗村的人文風情。

▲以造船業為題打造遊憩文化活動空間(圖片提供／環球旅人)

為九澳居民所興建的教堂
九澳七苦聖母小堂

➡ 搭乘巴士到「C658九澳七苦聖母小堂」下車後，步行約5分鐘即達 🕐 09:00～17:00(展覽場地週三公休) 💲 免費

建於1966年的路環九澳七苦聖母小堂，是當年為了九澳居民、治療麻瘋病人的家庭及附近居民而興建。現在九澳聖母村是澳門僅存的麻瘋院舍舊址，經過各活化改造後，現作為展覽場地。

▲ 教堂正立面上的十架苦像由意大利著名雕刻家Francisco Messina設計

通訊篇
Communcation

來到澳門，該如何上網、打電話以及寄信呢？

出國在外要怎麼上網打卡、聯繫親朋好友報平安？看到具有當地特色的明信片，想寄給各地友人該怎麼寄好呢？與通訊相關的問題，都可以在本篇找到解答哦！

打電話、上網、郵寄

打電話

從台灣打電話到澳門
國際冠碼+澳門國碼+電話號碼(澳門沒有區域號碼)

撥打方法	國際冠碼+	澳門國碼+	電話號碼
打到市內電話	002／009／019等 或＋	853	電話號碼
打到澳門手機	002／009／019等 或＋	853	6開頭手機號碼
打到台灣漫遊手機	─	─	直撥手機號碼

舉例說明：
澳門市話：28381044／從台灣撥打方法：002-853-28381044
澳門手機：67842577／從台灣撥打方法：002-853-67842577
漫遊手機：0935651788／從台灣撥打方法：0935651788

不同電訊公司有不同的國際冠碼，002／009／019皆為中華電信的，差異在於002／009以6秒為一單位計費；019以1分鐘為一單位計費。「＋」的撥打方式是長按手機的「0」鍵。

從澳門打電話回台灣
國際冠碼+台灣國碼+區域號碼+電話號碼

撥打方法	國際冠碼+	國碼+	區域號碼+	電話號碼
打到市內電話	00 或＋	886	去0	電話號碼
打到台灣手機	00 或＋	886	─	去0後的手機號碼

舉例說明：
台灣市話：(02)24778855／從台灣撥打方法：00-886-2-24778855
澳門手機：0935651788／從台灣撥打方法：00-886-935651788

從澳門打電話到澳門（國際漫遊）
國際冠碼+澳門國碼+電話號碼(澳門並沒有區域號碼)

撥打方法	國際冠碼＋	國碼＋	電話號碼
打到市內電話	－	－	電話號碼
打到澳門手機	－	－	6開頭手機號碼
打到台灣漫遊手機	00 或＋	886	去0後的手機號碼

舉例說明：

澳門市話：28381044／從澳門撥打方法：28381044

澳門手機：67842577／從澳門撥打方法：67842577

漫遊手機：0935651788／從澳門撥打方法：00-886-935651788

公共電話

澳門公共電話在路上並不多見，大部分都是在旅遊區、酒店或者碼頭等地方，在公用電話撥打本地電話，每5分鐘收費澳門幣1元，亦可透過IDD直撥國際電話服務。

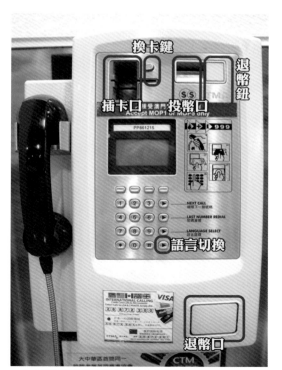

▲公共電話都是集中在人潮眾多的地方

手機預付卡

▲預付卡實名教學

在澳門，機場、碼頭以及電訊門市都設有販賣機，可以輕易地買到預付卡，每張價格從澳門幣100元起，只要插入SIM卡槽就能使用。不過2019年12月22日網絡安全法生效後，所有本澳的預付卡均需進行實名登記後方可開通使用。

新款的SIM卡可同時▶
支援不同規格的插槽

預付卡加值

若要加值，可到販賣機或者便利商店購買同一家電訊公司加值卡(澳門幣50、100、200及500元)，依照說明書上的步驟，就能完成加值手續了，亦也可以到電訊門市販賣並請門市人員協助。

▲加值方式非常簡便又快捷

電訊公司資料這裡查

http 澳門電訊：www.ctm.net

http 和記電訊：www.three.com.mo

http 數碼通：www.smartone.com/mo

Free WiFi.MO

　　FreeWiFi.MO是澳門郵電局與不同機構及政府合作，提供澳門市民以及遊客每次60分鐘的免費Wi-Fi服務。而FreeWiFi.MO包括更多免費的Wi-Fi熱點，覆蓋範圍包括「WiFi任我行」服務地點外，還有食肆、商店以及購物中心等場所。

Wi-Fi熱點這裡查

http **Wi-Fi任我行**：www.wifi.gov.mo(選擇「尋找服務點」)
　　APP下載：iOS／Android：FreeWiFi.MO

▶ 全澳多達500個以上的熱點供遊客以及澳門市民免費使用

電訊公司的上網方案

　　澳門電訊業者都有提供各式各樣的上網方案，從不同流量到吃到飽方案應有盡有，只需購買一張100元澳門幣的預付卡，輸入你要的方案，就可以享受網路的樂趣了。預付卡也可熱點分享，不過要注意吃到飽的方案，若超過總流量限制之後會被降速。

▶ 依照個人需求，選擇不同的方案

澳門各式上網方案比較表(100元預付卡為例)

電訊公司	訊號	費用(澳門幣)	上網流量	使用範圍	其他
澳門電訊	5G	38	5GB	澳門、香港、中國大陸	開卡後會從餘額中扣除10元，自動申請網內互打免費及任用CTM Wi-Fi服務
		88	8GB		
		188	18GB		
		288	28GB		
			30日吃到飽(超過10GB後降速)		含CTM Wi-Fi服務+100分鐘本地通話
和記電訊	4G	50	1日吃到飽(至第2日23:59:59)	澳門、香港、中國大陸	含1,000分鐘本地通話
		100	3日吃到飽(至第4日23:59:59)	澳門、香港	
		78	30日吃到飽(超過3GB後降速)	港、澳	

Wi-Fi分享器、上網卡

台灣有多家網路公司提供Wi-Fi分享器以及上網卡的服務，只要出發前先在網路上預借或購買，在出發前收到或者當天在機場就能取得，費用3天約為新台幣249元起，而且不限流量。

▲ 依照不同的使用量來選擇合適的上網卡

◄ 上網卡購買優惠連結

Bus Free Wi-Fi

澳門新福利公車上，現在都有提供免費的Wi-Fi上網服務，只要輸入手機號碼後，透過認證碼簡訊，就能享有30分鐘免費上網的服務，另外部分酒店接駁車也同樣提供免費的Wi-Fi上網服務。

不過要注意的是如果你是使用澳門電訊與和記電訊預付卡的話，就是填澳門的手機號碼，但如果你是用漫遊的話，就是填台灣的手機號碼，否則會收不到啟用碼的簡訊。另外，要記得熱點在車上，只要下車就沒有了，轉乘另一班公車如果在啟動後30分鐘內，只需重新連線即可。

▲ 全澳330輛新福利巴士都有免費WiFi的熱點

郵寄

澳門的郵政服務完善，郵政總局位於新馬路議事亭前地，分局遍布澳門、氹仔及路環各處，提供投寄函件、包裹及特快專遞服務至世界各地。此外，街道也可以看到紅色的郵筒，若寄明信片回台灣的話，郵資從澳門幣5元起。澳門的郵局各窗口、指示牌、寄件用填的表單都有中英對照，寄件方式和台灣也差不多，因此不用擔心會有溝通上的問題。

▲ 路上隨時都會看到這種小郵筒

▲ 大型的郵筒有提供人工販售服務

郵寄資訊這裡查

若想知道各郵局所在地，澳門郵政官網上可以查詢。此外，若是不確定自己寄件的費用，官網上也提供郵費計算器，只要輸入寄件國家、投遞方式、重量，就能知道郵資是多少錢囉。

http 澳門郵政：www.ctt.gov.mo/MacauPost

應變篇
Emergency

在澳門發生警急狀況怎麼辦？

在澳門旅遊由於語言相通，因此不會造成太多的不便。不過，畢竟國情不同，
因此一旦發生意外狀況，該如何應變、求助，這方面的資訊就非常的重要。
現在來看看，在澳門當地有哪些單位可以對你伸出援手吧！

在澳門可以向誰求助

警察

在澳門，只要是賭場門口都會有警察執勤，另外，澳門和台灣一樣，每一區都有隸屬的警察局，所以見警率非常的高。不然也可以撥打999緊急電話求救。澳門警察分為治安警和司警，分別負責不同的業務。民眾報案可以找治安警求助，司警主要是負責案件或刑案調查的相關業務。

▲ 在每個景點都能看到警察在巡邏

▲ 藍色的治安警警車

酒店

出外旅遊酒店的服務人員是最好的幫手，離開酒店前記得要抄下聯絡資訊，若有問題，可以直接請酒店人員協助。

澳門事務處
(駐地名稱台北經濟文化辦事處)

若遇重大事故、天災或緊急事故，可向澳門事務處求助。此為台灣於澳門唯一的官方代表機構，隸屬行政院大陸委員會，主要是負責台澳兩地經貿、投資、學術、文教及社會各界之交流聯繫、資訊服務及研究，也負責國人護照新申請、申換、補發及文書驗證、外籍人士簽證事項以及大陸及港澳人士申請赴台灣入境證、網簽領證事項。

▲ 若有需要，可向警察局求助

物品遺失怎麼辦

護照遺失

Step ① 報案999

先向澳門警察局報案取得報案證明。

Step ② 備妥相關文件

備妥2吋合乎規格照片5張，持報案證明及提供具有我國國籍之證明文件(如國民身分證、駕照或健保卡)，到台北經濟文化辦事處／澳門事務處辦理返國所需臨時「入國證明書」。

Step ③ 申請補發

若申請補發晶片護照，因需從台灣外交部領事事務局寄出，所以工作天數需要2～3週；若申請的是臨時返國的「入國證明書」，只需3天即可取得。

Step ④ 補辦手續

若持「入國證明書」返國，記得於機場、港口入境時向移民署國境事務大隊補辦手續，取得「入國許可證副本」後持憑查驗入國，供持證人申辦護照或戶籍遷入登記。

澳門事務處資訊這裡查

- http www.teco-mo.org
- ✉ 澳門宋玉生廣場411-417號皇朝廣場5樓J-O座
- 📞 總機：(853) 2830-6282
- FAX (853) 2871-3130
- @ mactecc@macau.ctm.net
- 📞 領務電話：(853) 2830-6289
- FAX 領務傳真：(853) 2830-6153
- ➡ 搭乘巴士到「M159總統酒店」下車後，步行約5分鐘；也可搭至「M251捐血中心」或「M252新口岸／科英布拉街」，下車即達

24小時急難救助

澳門事務處的急難救助電話，專供緊急求助之用(如車禍、搶劫、有關生命安危緊急情況等)，非急難重大事件，請勿撥打。

- 📞 緊急聯絡專線：(853) 6687-2557

▲ 位於皇朝廣場的澳門事務處，提供國人多項服務

現金遺失

Step 1 報案999

先向澳門警察局報案取得報案證明。

Step 2 聯絡我國事務處

致電向台北經濟文化辦事處／澳門事務處求助。

Step 3 利用西聯匯款 (Western Union)

請台灣親友至台灣西聯匯款據點(台新、京城、國泰世華等)填寫申請表格(英文姓名需與護照上相同)、支付匯款及手續費,最快幾個小時就能匯到澳門。待匯款送達後,提款人需到澳門西聯匯款據點,提供護照等身分證明文件、匯款人英文姓名、操作密碼、匯款國別及金額等資訊,即可辦理提款手續。

Step 4 補辦手續

若持「入國證明書」返國,記得於機場、港口入境時向移民署國境事務大隊補辦手續,取得「入國許可證副本」後持憑查驗入國,供持證人申辦護照或戶籍遷入登記。

西聯匯款資訊這裡查

台灣西聯匯款

🌐 www.westernunion.tw

📞 (02) 8723-1040

澳門西聯匯款(郵政儲金局)

🌐 www.macaucep.gov.mo

📞 (853) 8396-8319(其他據點請於上述網址查詢)

▲ 西聯匯款申請表格

信用卡遺失

 Step 1 掛失

先打電話向信用卡公司辦理掛失停用手續，與發卡銀行核對最後一筆刷卡或提領紀錄，這個手續可能要繳交掛失手續費，但是十分重要。

 Step 2 報案999

再向澳門警察局報案取得報案證明。

 Step 3 申請補發

若急需用信用卡，可向信用卡公司申請緊急補發(另收手續費)；若不急需使用，返國後再申請補發。

旅行支票遺失

 Step 1 掛失

先打電話向旅行支票辦理掛失手續(詳細說明及掛失電話號碼都有註明在購買旅支時的水單上)。

 Step 2 申請補發

帶著護照、購買旅支的水單、剩下的支票，到當地的旅行支票發行公司辦理掛失支付，就能當場補發旅支。若無法在澳門當地取得補發，回國後憑水單以及掛失證明向原購買銀行申請理賠補發。

旅行支票掛失電話這裡查

📞 Visa旅行支票(澳門)：0800-454

📞 美國運通旅行支票(香港)：0800-280，按＊0，轉30021276

急用聯絡方式

報警／救護／火災：999

如需撥打，接報後會派出警員、消防或救護員等專業人員赴現場處理。

旅外國人急難救助全球免付費專線

若遇到緊急問題，一時無法聯繫駐外館處時，可撥打此專線向「外交部緊急聯絡中心」尋求協助。護照遺失不算緊急事件，請勿撥打此專線。請於上班時間撥打。

📞 800-0885-0885(諧音「您幫幫我、您幫幫我」)

🌐 www.boca.gov.tw
(旅外安全資訊→旅外國人急難救助)

外交部領事事務局總機

有關護照、簽證及文件證明等問題，請於上班時間撥打外交部領事事務局總機電話。

📞 (853)2830-6282

澳門旅遊局熱線電話

24小時專人接聽，提供旅客諮詢、投訴等協助。有關美食、交通、觀光、酒店、景點、娛樂項目、購物的相關問題皆可撥打此專線。

📞 (853)2833-3000

信用卡海外掛失電話這裡查

📞 JCB：+81-3-6625-8378

📞 MasterCard萬事達卡：1-636-722-7111

📞 Visa：0800-454

📞 American Express美國運通卡：+886-2-2718-3338

生病受傷怎麼辦

ncia
gency

24小時門診
Consulta de 24 horas
24-hour Outpatient

醫院

由於澳門只有3間大型醫院，因此急診排隊的病人非常的多，雖然在路上都可以看到很多私人的診所，但有可能會出現溝通上的問題，因此旅行前最好依據自己的需要，先備妥一般的常用藥物。

▲ 澳門歷史最悠久的鏡湖醫院

▲ 私人診所是澳門生病優先的選擇

醫院資訊這裡查

- 📞 仁伯爵綜合醫院(澳門半島)：(853) 2831-3731
- 📞 鏡湖醫院(澳門半島)：(853) 2837-1333
- 📞 科大醫院(氹仔)：(853) 2882-1838
- 📞 離島醫院(路氹)：(853) 8493-1590

藥局

若是生病，可向藥局求助，而在各區其實都有藥局，相當普遍，而且裡頭都有藥師執業，可以告知你的狀況，不需出示醫師的處方箋就可以購買成藥。但必須要注意藥局並非24小時營業，當然病狀嚴重最好就是去醫院一趟，以免耽誤病情。而情況危急或者病情嚴重，也可以撥打999求救。

藥局的Logo ▶

▲ 一般疾病可以直接向藥局詢問以及治療

其他緊急事件應對方式

內急

澳門雖有公廁,但數量並不多,大都集中在著名景點及各街市中,形態和台灣的公廁很像;由於部分店家對沒有消費的旅客借用廁所有時會顯出不友善的態度,所以內急時,可借用酒店或購物中心的洗手間,甚至可以到速食店直接使用廁所,不需詢問。

風球是熱帶氣旋警告信號

港澳的熱帶氣旋警告信號,為了讓民眾容易理解,因此以「風球」稱呼。訊號從

▲颱風來襲時,必須更加留意自身的安全

颱風的強弱,區分為1號戒備信號、3號強風信號、8號烈風或暴風信號、9號烈風或暴風風力增強信號、10號颶風信號,簡稱為1、3、8、9、10五級風球。而當8號風球懸掛當時,政府則會宣布停班停課,大眾運輸(巴士、接駁車、船)亦會停駛。所以如果已經懸掛3號風球時,建議多留意澳門氣象局的即時消息,提前做好各項的防颱準備及迅速返回酒店。

行李箱壞了、遺失、沒跟上

Step 1 ### 通報

如果行李壞了,馬上到航空公司櫃檯通報。

Step 2 ### 填寫表格

和航空公司達成維修協議,索取並填寫Repair Authorization表格,選擇由航空公司代為送修,還是自行送修。

Step 3 ### 寄送表格及申請理賠

填寫好Repair Authorization表格後,連同機票影本,行李託運單正本和維修收據正本,於發生後60天內郵寄至航空公司,如無任何問題,航空公司流程跑完後,就會郵寄支票到府上。

► 行李託運單

救命小紙條
您可以將此表影印，以中文或英文填寫，並妥善保管隨身攜帶！

個人緊急連絡卡
Personal Emergency Contact Information

姓名Name：

年齡Age：

血型Blood Type：

護照號碼Passport No.：

信用卡號碼Credit Card No.：

海外掛失電話Tel：

旅行支票號碼Traveler's Cheque No.：

海外掛失電話Tel.：

緊急聯絡人Emergency Contact：

聯絡電話Tel：

台灣地址Home Add.：

投宿酒店Hotel：

酒店電話Tel.：

酒店地址Add.：

航空公司名稱Airline：

航空公司電話Tel.：

備註Others：

報警／救護／火災：999
旅外國人急難救助全球免付費專線：
☎ 800-0885-0885

澳門事務處24小時急難救助電話
☎ 行動電話：(853) 6687-2557
☎ 澳門境內直撥：6687-2557

澳門事務處(台北經濟文化辦事處)
☎ 總機：(853) 2830-6282

✉ 澳門宋玉生廣場411-417號皇朝廣場5樓J-O座
➡ 搭乘巴士到「M159總統酒店」下車後，步行約5分鐘；
　或「M251捐血中心」或「M252新口岸／科英布拉街」
　下車即達

打電話回台灣
☎ **打市話：**按「＋」＋台灣國碼(886)＋區域號碼(去0)＋電話
　號碼
☎ **打手機：**按「＋」＋台灣國碼(886))＋手機號碼(去0)